どん底サラリーマンが
株式投資で2億円
いま息子に教えたい
お金と投資の話

DokGen 著

ダイヤモンド社

どん底サラリーマンが株式投資で2億円
いま息子に教えたいお金と投資の話

DokGen

STEP 3

1000万円からの倍増株式投資

STEP 4

資産2億円への「ほっとけ投資」 87

STEP 5

サラリーマンが株式投資で勝つ条件 119

STEP 6

資産2億円からの人生設計

Epilogue

お金に働いてもらう

どん底サラリーマンが株式投資で2億円

【DokGen】資産2億円超えの道

1966年	京都府生まれ
1990年(24歳)	某食品メーカー入社 社会勉強のつもりで株式投資スタート
1995年(28歳)	初婚 長男誕生
2001年(35歳)	妻の浮気が原因で離婚(シングルファーザーに) 財産分与全額を株式投資した翌日 「米国同時多発テロ」勃発で全財産90万円に転落
2004年(38歳)	徹底した節約生活で年収の半分を貯金 4年間で株式投資の元手1000万円を貯める
2005年(39歳)	元手1000万円から資産2億3500万円達成 一気に"ダブル億り人"へ
2006年(40歳)	ライブドア・ショックで資産8000万円に急落
2007年(41歳)	再婚(某企業の大株主に名を連ねる)
2008年(42歳)	リーマン・ショックで保有株が半値近くまで暴落 長女誕生
2011年(45歳)	東日本大震災発生で保有株が半値以下に暴落
2012年(46歳)	次男誕生
2014年(48歳)	1年ほどの米国勤務中、狭心症で倒れて心臓手術
2018年(52歳)	資産2億円達成(2度目の"ダブル億り人"に)
2020年(54歳)	資産2億5000万円達成

Prologue

いま息子に教えたいお金と投資の話

就活中の息子にした「資本家」と「労働者」の話

わたくしDokGen《ドクゲン》は、現在54歳。長年発信している投資ブログのハンドルネームが「DokGen」で、「独り言」をつぶやくという意味で名づけた。

定年を目前に控えて、早期退職(早期リタイア)を真剣に考えている、某食品メーカーに勤めるごく普通のサラリーマンだ。なぜ早期リタイアを考えているかといえば、これ以上働かなくても、妻と子ども2人の4人家族で、この先を生活していける経済力を株式投資によって築いたからだ。

30代で本格的に始めた株式投資が実り、幸いにも資産2億円以上を築いた。

そのプロセスは、決してラクではなかった。どん底に二度も叩き落とされ、そこから這《は》い上がって、いまがある。


3年前のこと。就職活動中だった大学生の息子を焼鳥屋に誘い、ビールを飲みながら2人でじっくりと話をしたことがあった。

その息子は、前妻との間にできた長男。実は前妻の浮気が原因で離婚し、いまの妻とは再婚なのだ（独立した息子を含めて、子どもは全部で3人いる）。

現在の妻と結婚するまで、シングルファーザーとして息子を育てていた期間がけっこう長くあった。その間に寂しい思いをさせてしまったこともあり、息子は高校生まで相当グレていた。家庭内暴力で、息子に肋骨《ろっこつ》をへし折られたこともある。

思春期には、いろいろと大変なことがあったものの、そんな息子も自力で立ち直り、なんとか大学へ進んで1人暮らしを始めた。

卒業が近づいた頃になって就職に関する相談を受けるようになり、ようやく互いに向き合って、ちゃんと話ができる関係になったのだ。

いろいろあった息子とサシで焼き鳥をつまみ、ビールを飲みながら、人生についての話ができるようになったこのとき、息子にぜひ伝えておきたいことがあった。

それは、**人生100年時代とも言われる長い人生を幸せに生き抜くには、株式投資が欠かせないということ。**

とはいえ、いきなり株式投資についての細かい話をしても、息子は戸惑うだろう。

そこで手始めに、「資本家」と「労働者」についての話をした。

日本はもちろん、先進国はみな資本主義。社会主義が挫折した中国だって、ロシアだって、その実態は資本主義だ。

資本主義というものは、「資本家が儲かる仕組みになっている社会」だと、長年の株式投資やサラリーマンとしての経験を通じて思っている。端的に言えば「資本家がお金持ちの社会」ということだ。

資本家とは、いわば「投資家」。資本家に使われるだけの労働者は、ずっと働き通し。サラリーマンは労働者に他ならないので、一流企業に就職できたとしても、サラリーマンでいる限り、いつまで経っても労働からは解放されない。

もともと実家が資産家なら話は別だが、出世レースを勝ち抜いて社長や重役にでもならない限り、資産が億単位のお金持ちにはなれないだろう。

もちろん、人生の目的はお金持ちになることではない。お金で買えない幸せもある。それでも、お金が人生に余裕と自由を与えてくれることは事実だし、生きるための選択肢だって広がる。

自分の持論は、**「労働者は資本家を目指すべき」**。そのことを焼鳥屋で息子に伝えたのだ。

労働者が資本家になりたいなら、その方法は極めて簡単だ。株式を買い、投資家になればいい。

ある企業の株式を買うということは、その企業のオーナーになるということ。企業が成長すれば株価が上がり、値上がり益（キャピタルゲイン）が得られ、持ち分に応じて定期的に配当金（インカムゲイン）だって得られる。

そうなれば、もはや単なる労働者ではない。サラリーマン投資家は、労働者でありながら、株式投資によって資本家になれる。

それは紛れもなく、荒波に揉まれながら投資家との二足の草鞋《わらじ》を履き続けた自分自身のサラリーマン人生そのもの。就職して社会に羽ばたこうとしている息子にも、投資家としての視点を備えてほしかったのだ。

サラリーだけで生きられる時代は終わった

そんな話をしても、息子はピンとこない様子だった。

会社勤めも投資経験もない大学生の息子がピンとこないのは、無理もない。

仮に自分自身の父親が株式投資をやっていて、自分が就職活動をしているときに父親から似たような話をされたとしても、同様にピンとこなかっただろう。

そこで、2人でビールのお代わりを頼み、今度は次のような話をしてみた。

息子には、自分の人生をそっくりそのまま真似してほしいと思っているわけではない。父親としては、自分の好きな道を歩んでもらいたい。ただし、単なるサラリーマン（＝労働者）のままで生きられる時代は、もう終わったとはっきり伝えたのだ。

自分がサラリーマンになったのは、１９９０年のこと。ギリギリ、「終身雇用」と「年功序列」という日本的経営が残っていた時代だった。

しかし、いまとなっては終身雇用も年功序列も完全に崩壊している。一度就職したら生涯安泰というわけではないし、サラリーだって保証されているわけではない。業績次第ではリストラだって考えられるし、雇用情勢が悪くなってくると、一度職を失えば再就職するのも容易ではないだろう。

このままデフレが続けば、会社にしがみついていても、サラリーの上昇はそれほど望めない。逆にインフレになっても、物価の上昇に見合うほどにサラリーが上がる保証はどこにもない。

デフレになっても、インフレになっても、少子高齢化が進んで社会保障の負担が増えれば、個人が自由に使えるお金は減っていく一方だ。もし息子が漠然とでも将来、結婚して幸せな家庭を築きたいと思っているとしたら、サラリーマンとしての稼ぎだけではカバーできないことも十分に考えられる。

少なくとも、ある程度の余裕がある生活は難しいかもしれない。サラリーマンも基本的にはアルバイトと同じように時間と体力を切り売りしながら働いている存在だ。

コロナ禍もあって副業を許すような風潮が広がってはいるが、会社に時間も体力も使っていたら、副業に精を出そうにも出せない。

ダブルワークで時間も体力も使い果たした挙げ句、体調を崩したり、本業に身が入らなくなったりしたら本末転倒だ。

その点、株式投資は、忙しいサラリーマンに変わって、お金が勝手に働いて稼いでくれる。しかも、自分が推奨するのは「ほっとけ投資」というスタイル。これから語る七転び八起きの人生で、最終的にたどり着いた投資法だ。

「ほっとけ投資」は、いわゆる「バイ&ホールド戦略」。一度投資したら株価の変化に一喜一憂することなく、ほったらかしにするだけなので、普段の仕事にも日常生活にも1ミリも影響しない。

リスクを冒して副業などに手を出すよりも、よほど確実な方法だと思っている。

三流大学卒、普通のサラリーマンでも〝億り人〟

包み隠さずに言うと、自分は三流大学出身だ。しかも、その大学には、1年浪人して入った。会社に入り、飲み会で出身大学名をうっかり漏らしたら、「その大学で、よくうちに入れたなぁ」と先輩にからかわれた。先輩にとっては単なる冗談だったのかもしれないが、大いに凹《へこ》まされた。自宅に帰って涙したほどだった。

自分は１９９０年入社のいわゆる〝バブル入社組〟で、学生に有利な「超売り手市場」での就職だった。入社時の新人研修で人事担当者から、「今年は人材確保が難しいので、採用枠を三流大学にまで広げた」とはっきり言われたことを覚えている。

息子も家庭内暴力がひどく、まともに学校に通えていなかったので、三流大学に滑り込むのがやっとだった。

でも、投資に学歴は不要だ。東大卒なら投資で成功するとは限らない。大卒でなくても、たとえ中卒だって高卒だって専門学校卒だって、投資で成功する

可能性は大いにあるし、実際にそういう人はいる。

学歴社会は過去のものになったと言われるが、サラリーマン社会では、学歴で評価されることも少なくないのが自分の実感だ。

その点、投資はどんな学歴でも平等。性別も年齢も不問なのだ。

30年ほど前に自分が株式投資を始めた頃は、必要な情報を得るのに苦労したが、いまではスマホがあれば必要な情報が誰でも手軽に得られる。

高学歴のファンドマネージャーや機関投資家と、ほとんど変わらない情報をもとに、個人も投資できる時代になっている。

息子よ、まずは株を買ってみろ

自分は大学では農学部で、社会人になるまで株式投資とは縁もゆかりもなく、ほぼ知識ゼロの状態だった。

それでも会社に入って、社会勉強のつもりで株式投資を始めた。当時は投資が大ブームで、そのブームに乗っかってみたという側面もある。

そこから資産2億円を達成するまでの道のりは山あり谷ありで、決して平坦ではなかった。

そのあたりの紆余曲折は、恥を忍んで次のSTEP1で語るが、それでも結果的に早期リタイアを視野に入れられるまでの資産が築けたのは、何よりもいち早く株式市場に参加していたからだと思っている。

息子には、デイトレーダーのように短期売買をくり返す投資スタイルはやめておけと言った。

デイトレーダーとして勝ち続けるには、人並み外れた投機的な運動神経と感性が求められる。しかも、1日に何度も売買をくり返して差益を得ようとするデイトレーディングは、相場が開いている間は、チャートに張りついて株価の変動をウォッチしなければならない。それは多くのサラリーマンにも息子にも無理なことだ。

息子にトライしてほしいのは、これぞと思う銘柄を中長期的に持ち続けて、長い時間をかけて大きなリターンを得る投資スタイルだ。

「ほっとけ投資」を成功させるには、何よりも時間を味方につけることが大切になる。だからこそ息子には、社会人になったら、すぐに自分と同じように株式投資を始めてほしかった（本当なら高校生から始めてもいいくらいだが、それは状況が許さなかった）。

「ほっとけ投資」は、短いスパンで結果を出すことが求められているファンドマネージャーや機関投資家といったプロが、やりたくてもできない投資法と言える。だからこそ、個人投資家が勝てる余地があるのだ。

株式投資に失敗はつき物。自分だって、これまで何度も手痛い失敗をした。でも、早くから始めていれば、失敗から立ち直る余裕がある。

失敗から学び、それを次の投資に活かせたら、失敗が減る。定年退職が目前に迫ってから、老後のために株式投資を始めたとしても、いささか遅きに失している。銀行にすすめられるままの投資商品に退職金をつぎ込んで、虎の子の退職金がほぼ底をついたという話もあるくらいだ。

時間は、労働者にも資本家にも平等。お金がないサラリーマンこそ、早く株式投資をスタートさせて、時間を最大限に有効活用するべきなのだ。

焼鳥屋で会話を交わしてから1年後、息子は地元の電力関連の会社に就職した。

就職の記念に、自分は息子の名義で開いた証券口座に80万円を振り込んだ。「これを好きに使って株式投資を始めなさい」という気持ちを込めたお祝いだった。

なぜ切りのいい100万円ではなく80万円なのか。それはいまから30年ほど前、株式投資を始めたばかりの自分に、母親が贈ってくれた金額が80万円だったからだ。

母は家計を支えるため、学校の給食のおばちゃんとして長年働いていた。そこでコツコツ貯めていたお金を入れた預金通帳と印鑑を、「好きに使っていいよ」と渡してくれたのだった。

「株を買うのなら、買いな。かあちゃんは、株も経済もわからんから、なんも教えられん。あんたの勉強代やよ」と言ってくれた。

実家は、祖母の分も含めて2軒分、数千万円の住宅ローンを抱えていた。だから、当時の80万円は大きな金額だったはず。ありがたくちょうだいして倍返しするつもりだったが、直後のバブル崩壊に巻き込まれて80万円は、ほぼゼロになってしまった。

この80万円で学んだことはたくさんあった。だから、80万円がゼロになってもいいから、息子にも多くを学んでもらいたかったのだ。

これから、三流大学卒、バツイチ、父子家庭、35歳、全財産90万円という、どん底の状態から株式投資で資産2億円以上を築いたごく普通のサラリーマンの自分が、いま息子に教えたいお金と投資の話をする。

息子のみならず、1人でも多くの方々が、労働者として時間と体力を切り売りするだけでなく、投資家として豊かな将来を地力で切り拓く参考になれば、この上なく幸いだ。

STEP 1

年収400万円からの株式投資

入社後、社会勉強のつもりで株式投資をスタート

三流大学を出て社会人になったのは１９９０年、日本経済がちょうどバブルの絶頂期を迎えた頃だった。

日本的経営を讃えた「ジャパン・アズ・ナンバーワン」という言葉が流行り、東京都の山手線内の土地価格で米国全土が買えるほど地価が高騰して、日本の銀行は世界最強と言われていた時代だ。

就職先として選んだのは、地方の老舗食品メーカーだった。

就活戦線は完全な売り手市場で、三流大学出身でも、その気になればバブル景気に沸いていた銀行や不動産デベロッパーあたりに就職できたかもしれない。

自分が大学の農学部で研究していたのは菌類（キノコ）。知らない業界に行くより、ある程度は馴染みのある業界のほうがいいと思って食品メーカーを選んだ。

その頃は、終身雇用で同じ会社で地道に働きたいと思っていたので、派手さはなく

ても浮き沈みが少なそうな食品メーカーが自分にはピッタリだと思った。

入社1年目、株式投資を始めた。農学部出身で社会や経済に詳しいほうではなかったので、「株を売り買いしていれば、多少は社会勉強になるだろう」と思ってのことだった。もとより当時はバブル時代、株式投資が大ブームで、単に世間の流行に乗ってみた面もある。

この時点では、50代で早期リタイアしたいとか、将来の資産形成に役立てたいといった思いはまったくなかった。

初めて買った銘柄は、勤務先と似通った食品メーカーの「キッコーマン」だった。スマホで取引できるいまとは違い、当時はネット取引がなかったので、証券会社の店頭で株式投資の手続きをした。

いまは100株から買えるが、当時は1000株からでないと株式を買えなかったので、母にもらった軍資金のほとんどを投じる全力投資となった。

最初の投資先にキッコーマンを選んだのは、同じ食品メーカーである勤務先の業績がだんだん良くなっていたという背景があった。

食品メーカーには、外食に強いところと内食に強いところがある。内食とは、消費者が自宅で食べるもの。内食に強い自分の勤務先の業績が上向いているということは、「これはバブルがそろそろ終わるサインで、これから景気が悪くなるかもしれないぞ」という直感が働いた。

食品メーカーのような生活必需品を扱う内需関連銘柄は、景気が後退する局面でも値下がりしにくいので「ディフェンシブ銘柄」（防御的な銘柄）と呼ばれる。

勤務先は非上場企業だが、同じ食品メーカーのキッコーマンが値上がりするだろうと狙いをつけて1点集中の買いに走ったわけだ。

投資を始めるにあたり『会社四季報』くらいは買ったものの、投資する前にキッコーマンのデータを詳しく調べたわけではなかった。たとえ調べたとしても、そのデータの意味するところまでは理解できなかったと思う。

恥ずかしい話だが、投資家にとっては基礎の基礎であるＰＥＲ（株価収益率）やＰＢＲ（株価純資産倍率）といった株価指標や、ＰＬ（損益計算書）やＢＳ（貸借対照表）といった財務諸表のことをまったく理解していなかった。

戦略らしい戦略があったわけでなく、他に何を買えばいいかがわからなかったので、誰でも知っている有名な大手食品メーカーとしてキッコーマンを買ったというのが実情。いまから考えると怖いもの知らずの投資だった。

それでもビギナーズラックでキッコーマンの株価は上がり、利益が15万円ほど出たところで売却。この成功体験が、株式投資にのめり込むきっかけとなった。

雑誌の推奨銘柄をそのまま買って撃沈

株式投資を始めた頃は、インターネットで手軽に情報を得る手段がなく、かといってサラリーマンなので、投資する前にわざわざ有価証券報告書を入手して下調べする時間もなかった。

当時は営業部門にいて、取引先のスーパーマーケットに行っては、自社商品の回転効率を少しでも上げるために陳列棚の整理を手伝うのが日課。家電量販店に常駐しているメーカーの応援販売員のような存在だった。

スーパーの仕入れ担当者から「ちょっと応援にきてくれませんか？」と連絡が入れば、休日でも関係なく売り場にすっ飛んで行った。そんな調子なので、落ちついて株の勉強をしている余裕はなかった。

株式の売買も、ネット取引が当たり前の現在と比べれば、極めて原始的だった。前日までの株価を新聞でチェックして、「短波ラジオ」を聴きながら値動きを確認。証券会社に電話をかけて、売り買いの注文を出していた。

営業部門で外回りが多かったので、就業時間中でも売り買いは比較的自由にできた。ホントはダメなことではあるが、いまとなっては大目に見てほしい。

電話で売りの注文を出しても、その後本当に売買が成立したかどうかはわからない。午前中に注文を出しておいて、午後に証券会社に電話をかけて、「あの銘柄、売れましたよ」と教えてもらっていた。なんとも牧歌的というか、のん気な時代だった。

そんな当時、情報源として頼りにしていたのは、投資系の雑誌。「今月の推奨銘柄」なんかを素直に信じて売り買いしていた。

そんな推奨銘柄の1つに、「三菱化工機」という会社があった。石油・化学などの装置を製造している三菱グループのメーカーだ。

事業内容も財務内容もよく知らないまま、「三菱グループだから安心だろう」くらいのノリで推奨銘柄を信じて買ってみたところ、株価が上がって利益を得られた。

すると同じ雑誌の「今月の推奨銘柄」に、2カ月連続で三菱化工機が載った。それでまた買ってみたところ、買ったその日が最高値。そこから株価が下がり続け、結局は半値で〝狼狽《ろうばい》売り〟する手痛い失敗をした。

その頃は自分のようなド素人はもちろん、多くの個人投資家が損失を出していた。バブル崩壊の荒波が、いよいよ株式市場に打ち寄せていたのだ。

15時に相場が終わる寸前になると、まずは先物に売り注文が次から次に入る。それにつられるように現物にも売り注文が殺到し、最安値を更新して株価が下がり続ける。そんなことのくり返しで、投資家の大半は損をしていた。

損をしても株式投資を諦めなかったのは、ある夢を抱いていたからだった。

『会社四季報』を読んでいるうちに、持株数順に大株主が並ぶ「株主」欄に、信託銀行や生命保険会社といった名の知れた機関投資家に交じって、個人名が載っていることを知り、大きな衝撃を受けた。

「機関投資家と互角に渡り合えるなんて凄いな」と憧れの気持ちが湧いたと同時に、人生で一度くらいは『会社四季報』の株主欄に名を連ねてみたいと、大それた野望を抱くようになったのだ。

大株主になると同時に、オーナーの1人として投資先の会社に言いたいことが言えるようになりたい。給料が手取り20万円に届かなかった自分にとっては無謀とも言える野望を心に抱きながら、バブル崩壊後も株式投資を続けた。

結婚6年で妻の浮気が発覚

この頃は、土日も出勤するような忙しい日々を送っていたのだが、勤務先には「営業は残業をつけない」という〝暗黙の了解〟があった。

1日1500円の営業手当てで昼食を食べて、「まぁ、みんな同じ扱いなんだし、こんなもんだろ」とたいして気にしていなかった。

最初の結婚は、阪神・淡路大震災、地下鉄サリン事件が立て続けに起こった1995年、28歳のときだった。

結婚と同じくらいの時期に、営業部門からIT部門へと異動した。いまになって振り返ってみると、IT部門への異動は人生にとっても投資活動にとっても大きな節目となった。

異動しても給料は、ほとんど変わらなかった。独身ならまだしも、夫婦2人暮らしの片働きで手取り20万円は厳しい。しかも、結婚してすぐに長男が生まれたので、3人暮らしになった。

当時の妻には「働いて家計を助けてくれないか」と頼んでみたものの、「あなたは株をやっている余裕があるんだから、私まで働く必要はないでしょ」と言われた。

いつか『会社四季報』の株主欄に載りたいという野望はあったものの、この頃の株式投資はパチンコのようなもの。勝つときもあれば、負けるときもあり、趣味の延長線上のようなものだった。

いい顔がしたいので、運良く勝ったときは「儲かったぞ、これで旅行でも行くか」と妻を喜ばせるようなことを言うものの、負けたときは何も言わない。だから、当時の妻は株で、けっこう儲けていると思い込んでいた。

ところが、実際は勝ったり負けたりのくり返し。ボーナスを全額投入し続けていたのに、株式資産は１００万円を行ったりきたりする程度に留まっていた。

企業のＩＴ化が急がれた時期でもあったので、ＩＴ部門は営業職以上に多忙を極めた。朝から深夜まで会社でパソコンに張りつき、週末も出社することが多かった。

毎日帰りが遅い夫に夕飯をつくる必要もなく、暇でつまらなくなったのか、妻は夜の店でアルバイトを始めた。

「これで家計が少しはラクになる」と思ったものの、それはぬか喜びに終わった。妻は「あなたの稼ぎは家族のもの。私が稼いだお金は私のものよ」と主張した。

二の句が継げなかったのだが、そういう女性と結婚した自分のせいだと自らを納得させた。

そして、この夜のバイトが、人生を大きく揺るがすことになる。

2001年のある夜、久しぶりに早く仕事が終わり、うちに帰ってみると、妻はすでにアルバイトに出かけて不在だった。

幼い息子のかわいい寝顔を見てから、リビングのテーブルの引き出しを何気なく開けてみると、そこには妻宛ての手紙が何十通も入っていた。

「なんだろう?」と思い、開封済みの1通を読んで驚いた。妻は夜の店の常連客と浮気をしており、その浮気相手からの熱烈なラブレターだったのだ。

いまなら愛の告白はメールかLINEだろうけれど、当時はラブレターを書くという昭和な文化がまだ残っていた。

もう20年も前の出来事なので、平常心で思い返すこともできるけれど、あの夜は失神するかと思うほど大きなショックを受けた。とても冷静でいられる精神状態ではなかった。

残されたお金を全額投資するも……

アルバイトから帰ってきた妻を問いつめると、あっさりと浮気を認めた。

その後の数日間は仕事も何も手につかなかったが、改めて考えてみると、仕事ばかりで妻を顧みなかった自分も悪かったと反省。妻を非難しても仕方がないと考えるようにした。

とはいえ、これ以上妻と1つ屋根の下に住むことには耐えられなかったし、彼女も浮気相手と一緒になりたいようだったので、離婚することにした。

問題は、1人息子の親権だ。

日本の法律では、母親の親権は父親よりも格段に強い。妻の浮気が離婚の原因とはいえ、裁判をすると十中八九、親権は母親に属するようだ。

一方、開き直って何度か電話をかけてきた妻の浮気相手は、かなり荒っぽい口調で喰ってかかってくるなど、切れやすい一面もあるようだった。

妻に親権が渡れば、あの男に、かわいい1人息子が邪魔者扱いされて傷つけられかねない。そう心配になり、妻に親権を要求すると、「親権は渡します」とあっさり納得してくれた。その点は前妻に感謝している。

息子は幼いながらも、妻に新しい男ができたことを良く思っておらず、この頃は自分を慕っていてくれたので、黙ってついてきてくれた。

あとは財産分与の問題が残った。給料が振り込まれる預金通帳とキャッシュカードは、家計を握っていた妻がそのまま持って行ってしまった。私と息子には、証券口座にあった約130万円だけが残された。

離婚が成立したのが、2001年9月10日。その翌日、自暴自棄になったこともあり、証券口座に残された130万円を全額株式にぶち込んだ。このあたりの記憶は飛んでいて曖昧だが、いくつかの銘柄を買ったと思う。

するとその夜、(米国時間の朝)、イスラム過激派の国際テロ組織アルカイダが米国で旅客機4機をハイジャックし、そのうち2機がニューヨークの世界貿易センタービルに突っ込んだ。そう、「米国同時多発テロ」が起こったのだ。

夜のテレビニュースで、旅客機が世界貿易センタービルに突っ込んで爆発するシーンを目の当たりにした。

あまりにも非現実的な映像に何事が起こったのか、すぐには理解できなかったが、全貌がわかってくるにつれ、「これは大変なことが起こったぞ！」と身震いした。

空前絶後の出来事に、テロ現場にほど近いニューヨーク証券取引所は、9月17日まで休場。日本の株式市場は開いたものの、事件の余波が直撃して相場は総崩れ。1984年以来、17年ぶりに日経平均株価が1万円を割り込んだ。

もちろん前日、証券口座に残された130万円を全額ぶち込んだ銘柄も軒並みストップ安。翌12日朝、すぐに売り注文を出したものの買い手がつかず、売買が成立しない。

そればかりでなく、証券会社と連絡がつかない状態が続いた。

数日後にやっと連絡がきたと思ったら、「残高は90万円になっていますが、どうしますか？」と言われて、頭が真っ白になった……。

父子家庭になり全財産90万円

こうして35歳にして父子家庭となり、全財産は90万円というどん底に追い込まれた。財布に残っていた小銭まで数えても、本当に全財産が90万円しかなかった。

会社員として毎月給料をもらえるとはいえ、シングルファーザーで子どもを育てるうえで、全財産が90万円というのは、いくらなんでも心もとない。

そもそも、父子家庭は母子家庭よりも不利な面があった。父子家庭は、公的補助を受けにくかったのだ。

お父さんが働いて稼ぎ、お母さんが家庭を守るという昭和までの価値観に基づくと、母子家庭は補助すべきでも、父子家庭は補助しなくても大丈夫という認識なのだろう。

2010年に法律(児童扶養手当法)が改正されるまで、父子家庭には公的な補助がほとんどなかった。

それまで息子の面倒はすべて専業主婦の妻が見てくれていたが、9月11日からは父親である自分が全部面倒を見る他なくなった。

そのため、生活は激変した。朝8時に息子を保育園に預けたら、9時に出社。それまでは仕事で午前様ということもちょくちょくあったが、父子家庭になり、定時の5時半ぴったりに退社し、保育園にダッシュして息子を迎えに行く日々となった。

保育園に迎えに行くたびに、息子は「おともだちはみんなママがおむかえにくるのに、ボクだけパパがおむかえにくるのはイヤだー」とクズって泣いた。父親について行くと言ってくれたものの、まだまだ母親が恋しい年頃だったのだ。

職場の同僚や上司からは、白い目で見られた。働き方改革が叫ばれるいまでは考えられないだろうが、夜8時前に帰る社員なんてほぼ皆無の時代だった。

残業が月200時間を超える過労死レベルの社員もいたくらいなので、毎日定時の5時半に帰るような自分は職場に居場所がなくなり、窓際どころか〝窓の外〟に追いやられた気分だった。

ちょうどこの頃、平社員からようやく主任候補の1人になっていた。

主任を経由しないと管理職にはなれず、主任登用試験はかなりの難関とされていた。自分は〝窓の外〟にいるような存在なので、登用試験も受けさせてもらえないと覚悟していたのだが、幸いにも試験を受けることが認められて無事にパス。その6年後になってのことだが、なんとか課長になることができた。

IT部門に異動してからは営業時代と違って残業代をつけることもできたのだが、毎日定時退社の自分は当然、残業代ゼロ。家計は苦しいままだった。

家事の経験がほとんどなかったので、日々の食事にも苦労した。

全財産90万円で残業代ゼロなので、息子と毎日外食するわけにはいかない。そこで、数日分の食材をまとめて届けてくれるサービスを利用してみたのだが、食品メーカーに勤務しているくせに料理ができないので、うまくつくれなかった。

朝はパンだけ。夕飯は息子が好きなカレー、チャーハン、ハンバーグのつくり方をなんとか覚えて、それを延々とローテーションした。

事情が事情とはいえ、息子には本当に申し訳ないことをしたと思っている。

どん底サラリーマンの強みとは？「SWOT分析」をやってみた

父子家庭になり全財産90万円、残業代ゼロとなれば、さすがにパチンコ感覚でダラダラと株式投資をしている余裕はなくなった。このどん底から這い上がるには、背水の陣で臨むしかない。

定時の5時半になると職場をダッシュで出て、保育園経由で自宅に戻るので、夜はその気になれば時間を空けられる。

コンビニで深夜のアルバイトをしようかと一瞬頭をよぎった。しかし、そろそろ中年に差しかかりつつあった35歳の自分に、昼夜ぶっ通しのダブルワークは辛すぎる。短期的には頑張れたとしても、息子が自立できる年齢に達するまで続けるのは、体力的に厳しい。

さて、この状況をどうやって打破しようか。

そのヒントを探るべく、息子が寝静まってから、当時流行っていた「SWOT分析」

を自分自身に当てはめてみることにした。
SWOT分析というのは、1970年代に米国で広がった経営戦略の意思決定のプロセスをサポートする手法で、次の4つがある。

S（Strength）＝強み

W（Weakness）＝弱み

O（Opportunity）＝機会

T（Threat）＝脅威

「弱み」は数え切れないくらい挙げられるが、さて自分の「強み」はなんだろうかと改めて考えてみると、次の3つだけ挙げられた。

- サラリーマンなので最低限の暮らしは保証されている
- IT部門で仕事をしているのでITには少し詳しい
- 当時の株式投資の主力層だった高齢者よりインターネットが使いこなせる

「脅威」は、しいて挙げれば妻だったが、離婚と父子家庭という失神するような大きな衝撃と引き換えに〝損切り〟できたと思っている。

自分の稼ぎは、妻に「あなたのお金は家族のもの」と言われることもなく、晴れて株式投資に投入できる。それによって株式投資という「機会」を増やすことができるようになった。

さらに「機会」として、インターネットで株式投資ができる環境が整ってきたことも見逃せない。ひと昔前のように証券会社に電話して、売れたか・売れなかったかがわかるまでに数時間かかるようでは、効率的な投資はできない。

インターネットでリアルタイムの取引ができるようになれば、投資効率が上がり、資産を増やして家計防衛が図れると思った。

以上のＳＷＯＴ分析を踏まえた結果、父子家庭を守っていくにはインターネットを活用した株式投資しかないという結論に達した。

離婚して父子家庭になったものの、勉強する時間がたっぷりとれるようになったことは、株式投資にとっては良かった。

社会人1年目の頃からの投資は無節操で行き当たりばったり。とても褒められた投資とは言えなかった。

9・11直前のように、何も考えないで資金全額を株にぶち込むような真似をしていたのは、『会社四季報』をたまにめくるくらいで、有価証券報告書もめったに読まず、勉強不足だったから。何を買えばいいのか見当がつかなかったので、その場の勘で銘柄を選んでいたのだ。

いまや有価証券報告書や決算短信などのIR情報は企業のウェブサイトや、金融庁のデータベース『EDINET《エディネット》』（https://disclosure.edinet-fsa.go.jp/）で手軽に読める。

父子家庭となり、定時にダッシュで退社する生活が定着してからは、子どもが寝入った後、株式を勉強する時間がとれるようになった。そこで、定時までに終わらなかった仕事を片づけたら、株式投資関連の本や情報サイトを読むようにした。

2000年以降は、株式投資に必要な企業の情報がネット上で徐々に得られるようになっていた。有価証券報告書を全ページ熟読するような勉強まではしなくても、本やネットで得られる情報で最低限の勉強をするのはやはり不可欠だ。

新たな気持ちで株式投資に向き合うようになって、「株式投資で資産1億円築く」という大きな目標を掲げることにした。

なぜ1億円だったのか。それは息子と自分を捨てて離れていった前妻を見返してやりたいという気持ちがあったことは否めない。

資産1億円を築いたところで、その事実を伝えるつもりはなかったものの、心のなかで「どうだ！」と勝ち誇れたらいいと思ったのだ。

ちなみに前妻は、自分が2億円以上の資産を築いている事実をいまも知らない。

さて、株式投資で資産1億円を築くため、まずは「軍資金1000万円を貯める」と決めた。息子よ、これがどん底サラリーマンの反撃の狼煙《のろし》だったのだ。

STEP 2

4年で
1000万円
貯める方法

株式投資の軍資金1000万円を貯める

父子家庭で全財産90万円・残業代ゼロのどん底状態から、株式投資で家計をV字回復させるには、元手となる軍資金が必要になる。そのため、まずは軍資金1000万円を貯めようと決意した。

とはいえ全財産90万円を、株式投資で1000万円に増やそうというのではない。毎月決まった給料が入ってくるサラリーマンなら、出費を抑えて「節約」するだけで、お金を増やせる。そこに目をつけた。

このやり方は、新人サラリーマンの息子にもできる。

そもそも、なぜ1000万円なのか？　それは資本主義の基本的な仕組みは、お金持ちがさらにお金持ちになるようにデザインされているからだ。

2020年には1人10万円の新型コロナ対策の特別定額給付金を元手に、株式投資を始めた人が多かったという。以前とは違い、100株単位以下でも株式が買えるようになり、より少額から株式投資ができるようになったことは歓迎すべきだ。

それでも株式投資をするなら、元手は多いほど有利なのは間違いない。この点については、ちょっと詳しく説明したほうがいいだろう。

仮に元手10万円で年率20%の利益を上げたとすると、1年後の金額は12万円。利子にまた利子が上乗せされる「複利」で再投資を続けていくと、10年でようやく6倍の60万円を突破する。

自分自身の元手90万円で計算すると、10年で約6倍の550万円を突破する計算だ。それだけ増えたら立派に思えるけれど、10年後に45歳となり、息子がそろそろ大学進学を考える年齢となったタイミングで、全資産が550万円というのは不安だ。なにせ大学4年間の学費は、私立だとおよそ400万円もかかる。1人暮らしで仕送りすることになれば、トータルで800万円ほどかかることを覚悟しなくてはならない。

そもそも株式投資で年率20%を10年間続けるのは、かなりハードルが高い。世界一の投資家と言われるウォーレン・バフェット氏でも年率20%超なのだ。一般の個人投資家が同じような年率を10年間に渡ってキープし続けるのは難しいだろう。

元手が10万円でなく1000万円あれば、年率20％のリターンで1年後には120万円。元手1000万円なら、1年後には1200万円になる。当たり前だが、株式投資の元手は多いほうが、最終的に得られるリターンは大きくなる。

少額で始めて資産を大きく増やすには、バフェット氏レベルの投資効率が求められる。しかし、1000万円から始められたら、素人の個人投資家でも、それほど背伸びをしない投資スタイルで資産を大きく増やすことも可能なのだ。

お金が2倍になるまでの期間がわかる「72の法則」

話は冒頭の息子と焼鳥屋で語らった後日に戻る。

唐突にも息子から「JT株を買ってみたいけど、どうかな？」というLINEが届いた。JT（日本たばこ産業）を「高配当株」として取り上げた投資サイトの記事を読んで興味を抱いたようだ。

息子が買いたいと思っている銘柄について、とやかく言うのも気が引けたので、取り急ぎ「72の法則」についてLINEで返信した。

「72の法則」とは、複利で投資を続けた場合、「72÷金利」でお金が2倍になるまでの期間を簡単に計算する方法だ。

仮に息子にプレゼントした80万円の半分の40万円を、JTの配当利回り7・6%（執筆時点）に当てはめてみると、「72÷7・6＝9・5年」。つまり40万円は9年半で2倍の80万円になる。お金がお金を生むという意味では凄いのだが、9年半でたったの40万円とも言える。年4万円、月3500円では飲み代にもならない。

根本的な問題は、やはり軍資金が少ないことにある。

仮に元手が1000万円あれば、9年半後には2000万円になり、2019年に金融庁のワーキンググループによる報告書で話題となった「老後2000万円問題」を解決してくれることにもなる。JTのような高配当株を買うなら、それなりの資産を持ってから検討すべきだと息子には伝えた。

本気でやれば年収の半分は貯金できる

時を再び2000年代に戻そう。

結論から言うと、**離婚から4年後、全財産90万円を1000万円まで増やした。**

残業代ゼロなので、その頃の年収は手取り400万円程度。半分の200万円を貯金すると先に決め、残り200万円で息子と2人で生活したのだ。

200万円×4年＝800万円。それと並行して、勉強しながら続けていた株式投資で得た含み益200万円をプラスして、4年で軍資金1000万円を貯めた。

90万円を元手として株式投資のみで年間200万円のリターンを得ようとすると、200％以上のリターンが求められる。それを4年も連続して続けるのは、投資の神様バフェット氏でも叶わない神業だ。

でも、無駄を徹底的に省いた倹約生活を心がければ、年収400万円のサラリーマンでも毎年200万円貯めて、5年で1000万円を貯めることは十分に可能なのだ。

軍資金を貯める段階では、節約は株式投資に勝る。このことを身をもって証明した。

いずれにしても大事なのは、余ったお金を投資のために貯めるというスタンスではない。軍資金の目標金額と到達する時期を決め、そこから「年間いくら貯めるべきか」を逆算して貯めるというスタンスが大事なのだ。

貯める金額が明確になったら、歯を食いしばってでも倹約しながら、残ったお金で生活する。

国税庁の『令和元年分民間給与実態統計調査』によると、サラリーマンの平均年収は436万円ほど。そこから税金や社会保険料などを差し引いた手取り年収は350万円ほど。これを月額で割ると30万円弱だ。

平均年収には男女差が大きく、男性540万円、女性296万円となっている。単純計算で共働きなら年収は840万円ほど、手取り年収は620万円ほど。共働きで、さらに家計防衛のために株式投資をするというコンセンサスが夫婦にあるなら、4年で1000万円貯めるのは、それほど大変ではない。

参考のため、より自分の境遇に似ている月収30万円の世帯を想定し、倹約シミュレーションをしてみよう。

DokGen流 軍資金のつくり方――①

住居費は手取り月収の15％以内

人が生きていくには、衣食住の3本柱が欠かせないが、**まず節約すべきなのは「住居費」だ。**節約の基本は、毎月決まった出費がある「固定費」を削ること。その点、住居費は家計の出費の第1位となっており、固定費のなかでもとくに出費が大きい。

ありがたいことに自分の勤務先には社宅制度があり、独身時代から住まわせてもらっている。賃料6万9000円の1軒家だが、当時の実質的な負担は8000円だけ。結婚してからも追い出されることなく、長くそこに住み続けた。

住居費が8000円で済んだのは、とても大きく、会社には感謝している。自分のような例は稀かもしれないが、サラリーマンなら「住宅手当」がもらえるケースは多いだろう。自分と同じ県で1人暮らしをしている息子も、勤務先から2万円程度の住宅手当を得ている。

厚生労働省の「平成27年就労条件総合調査」という資料によると、サラリーマンの住宅手当の平均支給額は月1万7000円。なかでも従業員1000人以上の大企業の支給額は月平均1万9000円を超える。

月々の住居費は手取り月収の20~30%が一般的には妥当とされているようだが、軍資金を貯めるためには、なるべく15%程度まで抑えたい。

仮にボーナスを含めた年平均の月収が手取り30万円なら、30万円×15%＝4万5000円。会社から1万7000円の住宅手当が出るなら、合計6万2000円が住居費となる。

手取り月収がもうちょっと少なく25万円なら、25万円×15%＝3万7500円。会社から1万7000円の手当が出るとするなら、合計5万4500円が住居費となる。

東京や大阪のような大都市だと、さすがに家賃5万~6万円では厳しいかもしれないが、都心から少し離れると選択肢はうんと増える。

新型コロナの広がりによってすっかり市民権を得たリモートワークは、コロナ禍が収束してもある程度は定着する可能性が高い。

仮に週2〜3回出勤して、あとは在宅勤務となれば、都心にあるオフィスから離れた場所に住んでいても問題ない。すでにそうした動きが出ており、ワーク・ライフ・バランスを考えて、都心勤務でもあえて海や山に近くて自然が豊かな場所に住むサラリーマンも増えているようだ。

大都市圏の通勤ラッシュも、コロナ以前と比べると緩和されたようなので、通勤時間が多少長くなっても、それほど苦痛にならないのではないか。

家族がいると、さすがにワンルームや1Kでは窮屈だが、夫婦共働きなら、世帯年収の15%前後で暮らせる賃貸物件の幅は広がる。

単身世帯でも共働き世帯でも、低金利だからマンションでも買おうと思っているなら、思い留まったほうがいい。

投資スキルが身につかないうちに、住宅ローンという大きな借金を背負うのは、株式投資にとってはマイナス以外の何物でもない。

DokGen流 軍資金のつくり方――②
食費は月3万円前後

次は衣食住の「食費」について。家計の出費の割合では、住居費に次ぐ2位だ。一般的に食費は、家計収入の15%程度が目安とされている。食費は月々の支払額が変わる「変動費」なので、工夫次第でだいぶ抑えられる。

総務省の『家計調査』(2019年)によると、単身(勤労者世帯)の食費は平均4万3331円。手取り月収30万円とすると、その約13%となる。2人以上の世帯の食費は平均8万4461円となっている。

4年で1000万円貯めるには、月収が手取り30万円なら、食費は単身者なら収入の10%となる3万円前後に抑えたい。それを実現するために欠かせないのは「自炊」だ。

単身(勤労者世帯)の食費には男女差があり、男性が平均4万8912円なのに、女性は平均3万8393円に留まっている。この約1万円の差をもたらしているのは、おそらく自炊をどれだけしているか。女性のほうが自炊の回数が多い傾向があり、食費が抑えられているのだろう。

外食の原価率は約30%と言われる。自炊なら原価費しかかからないので、食費が大いに節約できる。自分も離婚してから必要に迫られて自炊を始めた。慣れない料理は大変だったものの、そのうちレパートリーが増えてきた。食べ盛りの息子には当初、苦労をかけたが、自炊は節約に大きく貢献した。

いまでは「クックパッド」など料理レシピの検索サイトも充実していて、料理の手順が動画でわかるので、自炊体験に乏しい自分みたいな男でも、やる気さえあれば簡単に自炊できる。

勤務先には、社宅とともに社員食堂もあって大いに助かった。なにせ激安なので、ランチはつねに社員食堂を利用していた。社員食堂がない会社のほうが多いけれど、それならば夕食の残りを弁当箱に詰め込んで持参する方法もある。

息子も自炊に励んでいるようだ。もっとも「サイゼリヤで食べたほうが安いかも」と言っている。勤務先に社員食堂はないようで、昼は500円程度の弁当を食べて食費を抑えているそうだ。

節約ばかりでは息が詰まるので、たまには息抜きに外食するのもいい。わが家もサイゼリヤやガスト、マクドナルドなど廉価なチェーン店で外食した。

食費で出費が多いのは、男性なら酒、女性ならスイーツだろう。

自分も酒は大好きだ。離婚前は飲み会にも盛んに参加していたけれど、倹約を心がけた4年間はまったく参加しなかった。飲みたくなったら〝家飲み〟した。飲むのはビールではなく発泡酒がメインで、たまに安いウイスキーで酔っぱらうくらい。酒代は家計に、ほとんど響くことはなかった。

スイーツ好きなら食べる回数を減らしたり、安価なコンビニスイーツを楽しんだりして、とにかく出費を抑えるようにしたい。

仕事の合間に飲むコーヒーも、スターバックスならトールで1杯約360円、ドトールコーヒーはMサイズで1杯約270円。これがコンビニコーヒーなら、1杯100円で、しかも味も悪くない。

1日に何杯も飲みたいなら、毎朝自宅でコーヒーを淹《い》れて、マイボトルで仕事場に持ち込んだらいい。コーヒーの粉は１kg１０００円ほどで買える。コーヒー１杯あたりの適量は10〜15g。仮に10gとするなら１kgで１００杯分。１杯あたり10円で済む計算だからとても経済的だ。

嗜好品の節約も考え方次第で、いくらでも方法はある。

DokGen流 軍資金のつくり方――③
着るものは全身ユニクロ

衣食住の最後は、「被服費」。衣食住のなかでも、被服費はもっとも減らしやすい。自分の普段着は全身ほぼユニクロ。下着にはこだわりがあり「カルバン・クライン」のものを穿《は》いているけれど、それは〝億り人〟になってからのこと。節約に励んでいた頃は、下着を含めて全身ユニクロだった。

ユニクロの回し者みたいに聞こえるかもしれないが、ユニクロの商品は廉価なうえに丈夫でけっこう長持ちする。デザインも古びない定番が多いので、毎年買い替える必要がない。ユニクロ以外にも、同じように廉価かつ高品質の服をつくっているメーカーはあるので、あとは好みの問題で活用すればいい。

仕事着も、かつてのようにスーツ・ネクタイ姿が絶対という会社は少なくなり、カジュアル化が進んでいる。リモートワークがもっと進むと、その傾向はさらに強まるだろう。

最近ではお硬い会社でも、パンツ＋ジャケット＋ポロシャツといったスマートカジュアルが許されるようになっている。これならユニクロでも紳士服量販店でも調達可能だし、スーツ・ネクタイという装いだって同様だ。

クリーニング代は馬鹿にならない。

父子家庭になってからは、仕事で必需品だったワイシャツを毎朝洗って干して、帰宅後にとり込んで、アイロンをかけてから寝るのが平日の日課だった。

ワイシャツをクリーニングに出すと、安いところでも1枚150円くらい。平日20日間で計3000円、年間3万6000円の出費となる。自分で洗ってアイロンをかければ、その分だけ節約になる。

そもそも、いまは洗うだけでアイロンをかけなくてもシワにならないノンアイロンタイプのワイシャツが紳士服各社から発売されている。

スーツをクリーニングに出すと、上下で1回1000〜2000円はかかる。汗をかく夏場は2週間に1回はクリーニングが必要だ。自分自身はクリーニングになるべく出さないようにしていたものの、いまでは家庭の洗濯機で洗えるウォッシャブルタイプのスーツも登場している。

普段着にしても仕事着にしても、ウォッシャブルでクリーニング代がかからないものにしたほうが、被服費の節約につながる。

家計簿はいらない

節約のため、家計簿をつけている人は多いようだ。

何年か前のことだが、会社の忘年会でクラウド系のどの家計簿が便利だとか、ネット銀行のアプリには家計簿機能があって使えるといった話で盛り上がったことがある。

それを脇で聞いていて、20年前に家計簿をつけたときのことを思い出した。

離婚した直後、節約生活を始めるにあたり、エクセルで家計簿をつけ始めたけれど、数日でやめてしまった。

B型気質でズボラという性格が影響したのかもしれないが、それよりも家計簿は一度つけて家計のお金の流れを可視化できたら、ずっと続ける必要はないのではないかと感じたのだ。

離婚する前、家計は前妻に完全に任せっきりで、電気代が毎月いくらかかっているかさえも把握していなかった。

家計簿をつけると電気代・ガス代・水道代・クリーニング代・携帯電話代などにいくら出費しているかが可視化される。それはそれで役立つのだが、一度わかれば、どこを削るべきかは明確になる。

真っ先にやめたのは、新聞だった。会社にあるものを読めたからだ。

節約するには、毎月変動しない固定費をどれだけ削れるかがカギになる。

電気代は契約アンペアを下げると基本料金が下がるし、いまでは電気・ガス・携帯電話を1社にまとめると、大幅に節約できるプランもある。

携帯電話を大手キャリアから格安携帯に乗り替えると、それだけで月5000円、年間6万円ほどの節約になることもある。

こうした改善行動は、一度でも家計簿をつけてみれば、すぐに実践できること。いったん改善を終えたら、家計簿でずっとフォローしなくても済む。

また、結婚式などの臨時の出費に関しては、いくら使ったかを記録したところで、その後の出費が減らせるわけではない。

住居費も一度安いところに引っ越したら、月々の家賃は一定になる。食費も3カ月すれば、だいたいの傾向が見えてくるので、それ以上やる必要はなかった。


個人投資家に必要なのは、家計簿のように過去のお金の流れを振り返ることではなく、**「いまいくら資金があり、それをどう使う（運用する）か」**を明確化すること。

家計簿を毎日つけたとしても、お金の流れを一度可視化して無駄を省いたら、それ以上の節約効果は誤差の範囲内だ。それ以上、家計簿をつけて得られるリターンは、限りなく小さい。

家計を見直すことより、家計簿を完璧につけることのほうが目的になっているケースが多いのではないだろうか。家計簿をつけ続けるより、節約するための行動をすぐに起こすことのほうが大事だ。

家計簿はあくまでも無駄を省くためのツールであり、お金を増やすために有効なツールではない。自分は1000万円を貯めて投資生活にカムバックした後、次の2つを毎月1回だけチェックした。

- **トータルでお金がいくらあるか ＝ 総資産**
- **そのうち現金がどれだけあるか ＝ 買いつけ余力**

これは、次の投資のために動かせる現金が、どこにどれくらいあるかを確認するための記録。これだけは現在でも欠かさずに続けている。

誰に似たのか、息子もズボラだが、これくらいの記録ならできるはずだ。

STEP 3

1000万円からの倍増株式投資

ビジネスモデルが気に入ったIT企業に投資

２００１年の米国同時多発テロのあおりで全財産90万円となった後、４年間の節約生活で軍資金１０００万円を貯めた。さて、ここから株式市場へ本格的にカムバックするにあたり、どの銘柄に投資すべきかを考えた。

以前は投資系雑誌の推奨銘柄を買って失敗したが、４年間でそれなりに学んだ結果、ＳＷＯＴ分析を踏まえて自分が得意なＩＴ分野に注目した。

１９９９年から２０００年にかけて米国発のＩＴバブルが巻き起こったが、２００１年にＦＲＢ（米連邦準備理事会）が利上げを発表。追い打ちをかけるように米国同時多発テロが起こり、ＩＴバブルは完全に弾け飛んだ。

しかしその後、日本では成長が見込める新しいＩＴ系企業がポツポツと誕生していたので、そこに注目したのだ。

自分を〝億り人〟へ押し上げてくれる原動力になったのは、2004年に投資し始めた「サイボウズ」（東証一部・4776）。サイボウズは企業内の情報共有ツールであるグループウェアの会社で、いまではアフター・コロナのリモートワークを先どりしたビジョンを持っている。

2004年にいまの状況を想像して投資したわけではないが、仕事関連で参加したあるセミナーでサイボウズの青野慶久現社長の話を聞いたところ、「まだ小さいけれど、面白そうな会社だな」と直感が働き、セミナーが終わって、すぐに株を買った。

当時は、いまのようにWi－Fi環境が整備されていなかったので、モデムを介してグレーの公衆電話にあったISDN回線に接続して買い注文を出した。

この前後からブログに投稿し始めた。

ブログは2002年頃から日本で話題になり始め、2004年前後から大きな流行を見せていた。新しいもの好きなので、やってみたくなったのだ。

ブログでは、投資したばかりのサイボウズについてもっぱらつぶやいていた。

父子家庭になって株式投資の勉強を始めたとはいえ、サイボウズは財務状況も株価チャートも踏まえずに直感で買ったようなもの。買った後で遅まきながら財務や株価の動きをチェックして安心し、「日本のグループウェアでトップになる」という経営ビジョンにも惹かれてファンになり、〝サイボウズ愛〟をブログで発信していた。

当時、実は現在の妻と再婚するつもりで、つき合っていた。彼女は、前妻と違って働いて自分で給料を得ていたので、「サイボウズはいい会社だから買ってみたら」とすすめたところ素直に買ってくれた。

1年で1000万円が2億3500万円に

ブログでサイボウズについてつぶやくようになってから、サイボウズの株価は右肩上がりで上昇した。

日本ではITバブル崩壊後、後述する2006年のライブドア・ショックまで、IT関連銘柄の〝プチ・バブル〟が起こった。そうしたIT関連銘柄からめぼしいものを拾い、コツコツと投資していた。

そのときに心がけていたのは、**「自分が知らない会社、よくわからないビジネスモデルの会社には投資しない」**ということ。そこは投資の神様バフェット氏と同じだ。過去に何をつくっているかもよく知らない三菱化工機の株を買い、損をした失敗を二度とくり返すまいと心に決めていたのだ。

サイボウズはセミナーで青野社長が示したビジョンに惹かれたということもあるけれど、それ以前にＩＴ部門にいて自分が使ってみたいと思う製品・サービスを提供していた点が投資の決め手になった。

サイボウズ以外で買ったのは、事情があって社名を明かせないＡ社、一休（東証マザーズから東証一部へ指定替え後、２０１６年にヤフーの完全子会社となり上場廃止）、バルス（ＭＢＯにより非上場、２０１７年にＦｒａｎｃｆｒａｎｃ《フランフラン》に社名変更）など。

Ａ社はクラウド経由でソフトウエアを提供するＳａａＳ《サーズ》（ソフトウェア・アズ・ア・サービス）の分野で、サイボウズと同じく仕事で使いたいと思う製品・サービスを提供していた。

一休．ｃｏｍも出張のとき、よく利用していた。バルスは仕事関連ではなく、街で偶然見かけたインテリア&家具ショップ「Ｆｒａｎｃｆｒａｎｃ」が「お洒落だなぁ」と感心して、その親会社であることから投資すると決めた。

投資した銘柄をブログでつぶやくと、不思議とそれらの銘柄の株価が上がるという現象が続いた。とくにサイボウズの株価は右肩上がりになり、自分のことを「教祖」として崇《あが》める人も現れるほどだった。1日１０００人以上が、ブログを読んでくれた。

そして２００５年末、日本経済新聞に掲載された年間株価上昇率トップ10に、サイボウズを含めた主要持ち株３社がすべてランクイン。この段階でサイボウズは株価10倍超えのテンバガーを達成し、他銘柄も株価５倍以上になっていた。

この頃は負ける気がしなかったので、現金や株式を担保として証券会社に預けて、証券会社からお金を借りて株式を買ったり株券を借りて売ったりする「信用取引」でレバレッジをかけながら、プチＩＴバブルの波に乗ったハイリスクな投資をしていた。

こうして２００５年末の株式評価額は、なんと2億３５００万円を記録した。

どん底サラリーマンが株式市場にカムバックしてから1年ほどで、軍資金１０００万円から〝ダブル億り人〟になったわけだ。

これは自分の才能でもなんでもなく、プチITバブルの波にうまく乗れたおかげだと思っている。

ライブドア・ショックで地獄へ突き落とされる

資産1億円を目指して株式投資を再スタートしたところ、1000万円が1年ほどで2億円以上になり、万々歳。それなのに、この段階で利益確定しなかったのは、身のほど知らずにも、密かに「資産5億円」という目標を再設定したからだった。

なぜ5億円だったのか？　それはなんとなくとしか言えない。なんの根拠も目算もなく、「この調子で一気に資産5億円まで増やせたら、株式投資をやめて、サラリーマンも辞めてしまおう」という漠然としたビジョンを抱いたのだ。

社会人になったとき、終身雇用で長く働ける会社がいいと思っていたけれど、父子家庭になってサラリーマン生活に疲れてくると、早期リタイアへの憧れも抱くようになっていた。

心のどこかに、プチＩＴバブルがもう少し続いてくれるのではないか、という淡い期待があったのかもしれない。


早期に資産2億円を達成し、父子家庭の未来もこれで明るいと小躍りしたのだが、その幸せは1カ月も続かなかった。

２００６年1月17日、ライブドア・ショックが起こったのだ。

前日の1月16日、風説の流布《るふ》など証券取引法違反の容疑により、東京地検特捜部は旧ライブドア本社と堀江貴文（ホリエモン）社長の自宅などを家宅捜索した。のちにホリエモンは逮捕され、２０１１年に最高裁で懲役2年6カ月の実刑判決が確定して収監された。

翌17日には、ライブドア関連7銘柄に売り注文が殺到し、関連銘柄が上場していた東証マザーズ市場の株価は、一気に12％近く下落した。

それでも日経平均株価とＴＯＰＩＸ（東証株価指数）は大きく下落せず、午前中の前《ぜん》場《ば》が終わる頃にはプラスに転じてさえいた。

それが激しく動揺するようになるのは、ネット証券大手のマネックス証券がとった信じられない行為によるものだった。

午後の後場《ごば》の真っ最中、マネックス証券は突如、ライブドア関連銘柄の担保能力をなんの予告もなしに「掛け目ゼロ」とした。掛け目というのは、信用取引をする際、現金を100としたときの株の担保価値の比率のことだ。

これがゼロになるということは、ライブドア関連銘柄に信用取引している投資家は、証拠金を追加で積み増しするか、他の銘柄を売る換金売りをするしかなくなる。証券会社が、リスクをすべて投資家に押しつけるような愚行とも思えた。

市場では、他の証券会社も、大手であるマネックスの動きに追随するのではないかという思惑から売り注文が殺到した。翌18日は、狼狽した個人投資家から広く売り注文が入り、午後には東証の売買システムの処理能力を超える恐れが出たことから、全銘柄取引停止の措置となり、株式市場全体に衝撃が広がった。

2005年と2006年、2020年に、東証はシステム障害で全銘柄取引停止の措置をとったが、この20年間にシステム障害以外で全銘柄取引停止になったのはライブドア・ショックのみ。その実態は、**〝マネックス・ショック〟**だったのだ。

事情を知らないため、ライブドア・ショック＝ホリエモンのせいと誤解している人もいるようだが、実態はマネックス・ショックだった。

わずか数日で株式資産は吹き飛ぶ

ライブドア・ショックが起こった直後、日経平均もＴＯＰＩＸも値を戻していたので、ホッと胸を撫《な》で下ろして、ランチでのんびりと中華料理を食べていた。お腹いっぱいになってランチから戻ってしばらくすると、マネックス・ショックが市場を大混乱に落とし入れていたのだ。

自分は手元に現金をほとんど残さないフルインベストメントの投資スタイル。加えてこの頃は信用取引でレバレッジもかけていたので、このときの暴落には

血の気が引くような恐怖を感じた。

慌てて18日に売り注文を出そうとしたものの、東証のシステムが停止したので、それもできない。勤務中も仕事どころではない。トイレの個室に籠《こも》って携帯の画面に釘づけになり、ネットの情報でわかったあまりの悲惨な状況にめまいがした。

これほどのショックは、２００１年の米国同時多発テロ後の暴落以来だった。

ネットで口座にログインしようとしても、アクセスが集中しているのか、なかなかつながらない。ようやくログインできたと思ったら、画面を確認するたびに資産がみるみる下落していく。その現実を目の当たりにして、吐き気までしてきた。

自分が持っていた銘柄は、どれも時価総額が小さな「小型株」。時価総額というのは「現在の株価×発行済株式数」のことで、要するにいくらあれば、その会社を丸ごと買収できるかを示す。

時価総額が小さな「小型株」の銘柄は、相場がパニックを起こして全面安に転じたときは、投資家ほぼ全員が売りに殺到するため、買い手がつかず、株価は下がるばかり。そんな状態が３日間も続いた。

頭に血が上って正常な判断ができなくなっていたのだろう。投資家の悪い心理が働き、負けをとり返してやろうと「いまがきっと底値に違いない」と買いに走り、落ちるナイフを素手でつかむように連続で返り討ちにあった。

ライブドアは、プチITバブルのシンボルのような銘柄だった。そういうシンボリックな銘柄が売られているときは、何をやってもダメなんだと、このときに改めて学んだ。

かくて一時は2億円をゆうに超えていた株式資産は、マネックス・ショック後の数日間で一気に吹き飛んでしまった。再びどん底へ突き落とされたのだった。

『会社四季報』の大株主欄に名前が載った

天国から地獄へ真っ逆さまに落ちたような現実が受け入れられなくて、しばらくは自分の証券口座にログインするのも嫌になった。

絶望するしかない状況のなか、ふと思い出したことがあった。それはサラリーマンになり、株式投資を始めたばかりの頃に抱いた『会社四季報』の株主欄に載るという野望だ。人は夢や目標があると、絶望的な状況でも前に進むことができる。

多くの資産が吹き飛んだものの、まだ株式評価額は8000万円ほどあった。軍資金1000万円で株式投資を始めたばかりなのだから、それが8倍になっていれば立派なもの。かつての野望の実現に向かって頭を切り替え、再び株式投資と向き合う決意をした。

そこで改めて目を向けたのは前述のA社。この株を買い進めたのだ。

A社は時価総額が約50億円。この程度の小型株なら8000万円で買い進めれば、トップ10にランクして、大株主として株主欄に名を連ねることは十分可能だと思った。このときは、A社の株価が上がるか下がるかより、いかに持株数でトップ10以内に入るかを目標に、少しずつ値下がりする株を買い増した。それが結果的に功を奏す。

ライブドア（マネックス）・ショックからおよそ1年後、23歳で心に思い描いていた野望がついに叶った。2006年の『会社四季報』でA社の株主欄に名前が載ったのだ。

集中&超長期保有の「ほっとけ投資」

『会社四季報』の株主欄に名前が載るという野望を達成した後、自分の株式投資の手法は大きく変わった。それが一度買ったら超長期で保有するバイ&ホールドの「ほっとけ投資」だ。

米国同時多発テロ後の暴落、ライブドア（マネックス）・ショックで株価の乱高下に振り回されたことで、この「ほっとけ投資」にたどり着いた。

数年に一度あるかないかの大暴落の局面でなくても、年に何度かは調整局面が訪れる。そもそも株価は日々上がったり下がったりしている。その値動きにいちいち一喜一憂していたら、身が持たない。

サラリーマン投資家という立場なのに、それで仕事に手がつかなくなったら、安定した立場が脅かされる恐れだってある。

サラリーマン投資家は、決まった給料がもらえる安定した生活がベースにあるからこそ、株式投資ができる。それなのに十分な資産をつくる前に、なんらかの事情で会社をクビにでもなったら大惨事だ。

株主欄に載ったことがきっかけとなり、投資家としての意識が「単に株を買う」のではなく「A社という会社を買う」という方向へ完全にシフトした。

100株でも株式を買ったら株主であり、その会社を部分的に所有していることになる。それが株主欄に載るような大株主になれば、より実感を持って「会社を買った」という気分になれる。

「株を買った」のではなく、「会社を買った」と思えるようになると、株価の上下動が気にならなくなった。だからこそ、ほったらかしにする「ほっとけ投資」というスタイルにたどり着いたのだ。

思考パターンを切り替えるだけで、投資スタイルも切り替えられるものなのだ。

株価の変動に踊らされなくなると、何か気になる事件が起こるたびに、仕事中にトイレの個室に駆け込んで証券口座にログインする必要もなくなり、心穏やかに目の前の仕事に打ち込めるようになる。

いま思い返してみても、「ほっとけ投資」にシフトしてからのサラリーマン人生は充実している。

「進化論」を体系化したチャールズ・ダーウィンは、「もっとも強い者が生き残るのではない。もっとも賢い者が生き延びるわけでもない。唯一生き残ることができるのは、変化できるものだ」という名言を残した。

この言葉は株式投資にも当てはまると思う。

自分の投資家人生も、状況に応じて次の3つの段階を踏んで変化してきた。

- **ステージ1：徹底した節約で軍資金1000万円を貯める**
- **ステージ2：リスクを背負って信用取引を活用しながらの「ハイリスク投資」**
- **ステージ3：集中&超長期保有の「ほっとけ投資」**

父子家庭で全財産90万円・残業代ゼロに陥ってからは、株式投資の軍資金1000万円を貯めることに注力した。

徹底した節約で軍資金1000万円を貯めてからは、信用取引を活用してリスクを許容しながら少々ハイリスクな取引で大きな資産を築いた。

そして、最終的に「ほっとけ投資」にたどり着いた。

このように投資スタイルは、ライフステージや資金量などに応じて臨機応変に変えるべきだ。それが株式投資で唯一、生き残ることができる道だと思う。

ほったらかしでも運用成績が好転

結果的に運用成績が良くなることも、「ほっとけ投資」の利点だ。

運用会社のフィデリティが、2003年から10年間の顧客のパフォーマンスを調べてみたところ、いちばん成績が良かったのは「亡くなっていた人」、その次に成績が良かったのは、「運用をしていること自体を忘れていた人」だったという。

まさに「ほっとけ投資」なのだ。

株式運用で何より大切なのは、マーケットから退場せずに投資を続けること。そうすれば長い目で見た相場上昇の恩恵が得られる。

ところが、保有する銘柄の株価の動きに目を奪われて惑わされてしまうと、短期的で無用な売り買いをくり返してしまう。それで成績がプラスになればいいのだが、多くはマイナスになる。

そのうち手痛い損を負ってしまい、「もう株なんてコリゴリだ」と株式市場を自ら去るという事態を招きかねない。実際、日本で株式投資を始めた個人投資家の多くは負けて退場しているそうだ。

「ほっとけ投資」は、運用していることを忘れているわけではない。保有銘柄を意識しつつ超長期で持ち続けるから、それだけ良い成績が得られる可能性が高まるのだ。

リーマンと震災を乗り越えて再び資産2億円

「ほっとけ投資」の最初の試練は、2008年に訪れたリーマン・ショック。このとき日経平均は一時期6000円台まで下落した。

リーマン・ショックでは持ち株はもちろん、保険のつもりで持っていたインデックス投資信託、確定拠出年金（401k）までも半値近くまで暴落した。

アホらしくなってしまい、投資信託はすべて投げ売りしたが、その日がそのファンドの最安値で、上昇に転じた。以来、ファンドという商品が大嫌いになってしまった。

同時に、何度も同じような失敗をくり返す自分の未熟さを痛感した。今度こそは**「投げ売りしたくなるときこそ、買うべきとき」**と胸に刻み、市場に翻弄されるのは金輪際止めようと決意したのだった。

しかし、次なる試練が訪れる。2011年3月11日金曜日の東日本大震災だ。震災が発生したのは、大引け間近の午後2時46分。株式市場への影響は、翌週14日の月曜日から始まった。

14日は投資家の売り注文が殺到し、終わり値は1万円の大台を割り込んだ。

15日には、大津波が直撃した福島第一原子力発電所の事故で放射線量の上昇が伝わり、日経平均は1000円以上の大幅下落を記録した。

「ほっとけ投資」の保有株も半値以下に下落していた。ショックを受けたくなかったので、しばらくは証券口座にログインすることもなかった。

なかでも株主欄に名前が載ったA社の株価は買値平均の3分の1まで下落した。このときは大株主の1人としてA社の株を泣く泣く買い支えた。

結果的にその日がA社株の最安値。それから株価が少しずつ上昇に転じた。リーマン・ショックで得た「投げ売りしたくなるときこそ、買うべきとき」という教訓がようやく活かせた。

リーマン・ショックでも東日本大震災でも、激しく動揺した。でも、「ほっとけ投資」を諦めることはなかった。それが、いまの資産形成に貢献している。

「ほっとけ投資」を最終的に解消したのは、2018年。資産の大半を占めていたA社の株価が想定した水準に達したので、すべて売却して利益確定したときだった。

これで資産は2億円を突破。人生2回目の〝ダブル億り人〟となった。残された人生を考えると、5億円まで貯めなくてもいいことがわかったので、この頃

から早期リタイアを真剣に考えるようになった。

二度目の〝ダブル億り人〟になるまで、結局12年間も「ほっとけ投資」を続けたことになる。この間、とり立てて何かをしたわけではなく、毎日くり返される株価の上下動に目をつぶり、リーマン・ショックと東日本大震災の暴落と評価損状態にひたすら耐えただけだ。だからこそ〝ダブル億り人〟になれたと思っている。

「投資すること」も大事だが、「投資し続けること」のほうがより大事なのだ。

勝つときに大きく勝てば「2勝8敗」でいい

入社1年目からの株式投資人生を振り返ると、大きく資産を増やした機会はたった2回しかない。サイボウズとA社への投資のみだ。それ以外は、ずっと勝ったり負けたり。これまで恥も外聞もなく語ってきたように、派手な失敗もやらかしている。

それでも資産2億円を超えられたのは、株価の変化に一喜一憂しない「ほっとけ投資」のおかげだ。

株式は、底値で買い、天井値で売れたら、大きな値上がり益を得られる。それはそうなのだが、実際のところ株価の最低値と最高値のタイミングは神のみぞ知るところ。現実的に大切なのは、「負けるときは負けてもいいけれど、勝つときは大きく勝つ」ということなのだ。

株式投資の世界では、**「上がる株は上がり続け、下がる株は下がり続ける」**と言われる。もちろん、それぞれのトレンドはいずれ終わりを迎えるわけだが、投資家心理もあいまって、ある一定期間の上昇トレンドと下降トレンドは継続する。不思議とこれは当てはまることが多い。


100万円で買った株が110万円に値上がりしたら、含み益が生じている間に利益確定したほうが得策と考えるのが人情というもの。120万円になったら、多くの投資家は我慢できなくなるだろう。

でも、そういう株に限って、我慢して持ち続けていると200万円、300万円になり、ことによると1000万円を超えて「テンバガー」となる可能性だってある。

億単位の資産を築こうとするならば、少なくともプラス10~20%程度で利益確定していていてはいけない。

負ける局面のほうが多いことを想定すると、多少の含み益で利益確定していては、トータルではプラスにならない恐れがある。たとえプラスになっても、大幅に勝ち越すことはできない。

株を買うということは、その会社を買うということだ。自分が住む家を買った後、不動産評価額を日々気にすることはないだろう。それと同じように株価を日々気にすることなく、「ほっとけ投資」で短期的な売り買いを控えたほうがいい。

これは多くの失敗と暴落を体験して傷だらけになりながらも、どん底サラリーマンから〝ダブル億り人〟になった自分が得た株式投資の教訓であり、息子に伝えたい父親の教えなのだ。

息子よ、このことをしっかり胸に刻んでくれ。

STEP 4

資産2億円への「ほっとけ投資」

シンプルな4つの視点で銘柄選び

軍資金90万円から再スタートを切った資産は、ジェットコースターのような軌跡を経て、16年後に2億円を突破した。

それを支えてくれたのは、株価に一喜一憂しないバイ&ホールドの「ほっとけ投資」。会社のオーナー気分で超長期保有する投資スタイルだ。

とはいえ、どんな銘柄でも超長期保有すれば、値上がりが期待できるわけではない。

では、「ほっとけ投資」に相応しい銘柄をどうやって見つけるか？

銘柄選定基準は極めてシンプルな4つだ。

●DokGen流「ほっとけ投資」銘柄選定4つの基準

①知っている会社

②たぶん倒産しない会社

③ **割安な会社**
④ **小さな会社**

それぞれについて順番に説明することにしよう。

DokGen流「ほっとけ投資」——①知っている会社

『会社四季報』を隅から隅まで読み込み、財務内容や株価チャートを入念に分析して銘柄を選定する個人投資家もいる。

でも、『会社四季報』に載っている4000社近い上場企業を比較検討して、そこから目星をつける時間的な余裕と肉体的な労力は、サラリーマン投資家にはないのではないか。少なくとも自分は、そうした回りくどいやり方で投資先を選んではいない。

重要なのは、自分がよく知っているセクター（業種・業界）で、なおかつ実際

に使ったり見たりしたことがある製品・サービスを扱う会社に目を向けること。

その会社のビジネスモデルをよく理解し、なおかつ共感できる銘柄に投資するということを大事にしている。

よく知らない人に、お金を貸したりするだろうか。普通は貸さないだろう。同じように、よく知らない銘柄に、投資しないのは普通のことだと思う。

適当に投資して運良く値上がりすることもあるだろうが、それでは再現性がない。すでに触れたように、自分も最初は投資雑誌の推奨銘柄を鵜呑みにして買い、たまたま儲かったものの、次は大失敗した。自分の頭で考えることを一切せず、何をつくっているのかよく知らないメーカーに投資して大損をしたのだ。

日本株は成長性が低いうえに、少子高齢化と人口減少で経済が縮小するから、より成長性の高い米国株に投資すべきだという意見もある。それで実際に大きな資産を築いた個人投資家もいる。

のちほど語るように、自分はアメリカで1年くらい仕事をしたこともあるのだが、それでも米国株に手を出さなかった。

GAFAM（Google、Amazon、Facebook、Apple、Microsoft）を例に持ち出すまでもなく、世界的に製品・サービスを展開している米国企業は多く、利用者としては近い存在に感じられるのだが、投資的にはハードルが高いと個人的には思っている。

インターネットで世界中の情報が瞬時に手に入る時代になったとはいえ、米国株についてはやはり英語に堪能で、英語で一次情報を得られる投資家のほうが有利だろう。その点、日本人には不利な面もある。

自分のような日本のサラリーマン投資家は、仕事を通して多くの日本企業を深く知るチャンスがある。だから、わざわざ米国株に手を広げなくても、日本株をターゲットにするだけで十分だと思っている。

日本で暮らしているなかで、コンビニ、ショッピングセンター、100均などを利用しているうちに、面白そうな新しい商品やサービスに出合う機会も少なくない。そこに投資のヒントが眠っていることもある。

米国株を買うという選択肢もあるけれど、だからといって少なくとも日本株を買わない理由はない。

つけ加えるなら、**自分が好きな会社に投資したほうがいい。**

「株式投資は美人投票であり、自分の好みの会社ではなく、みんなが好みの会社に投資をするべきだ」とも言われる。なぜなら、その会社の株を買う人が多ければ多いほど値上がりするからだ。

自分だけ買っても、みんなが買わなければ株価は上がらない。だが、自分が好きでもない会社のオーナーになるのは、決して気持ちの良いものではない。

「株式を買う＝その会社のオーナーになる」ということだから、短期的な売買ならまだしも、「ほっとけ投資」では長いつき合いになる。その間、好きでもない企業の株を持ち続けるのは、自分の流儀ではない。

なんだか格好つけたようなことを言ってしまったが、実は自分も、好きでもない銘柄に投資して失敗したことがある。それは17年以上前に投資した某ソフトウェア会社。仮にW社としよう。

W社は、ある特定分野でシェアが高く、毎年保守料が確実に入るビジネスモデルを構築していた。いまでいうサブスクリプション（定額課金）サービスだ。

IT部門にいた自分はW社の業務内容を知り、将来性に期待して投資を決めた。そのW社が好きになれなかったのはなぜか？　それは東京大学など、いわゆる一流大学卒の高学歴社員ばかり集めていたからだ。

高学歴の社員が揃っていることを自慢しているようなところが、三流大学卒の自分には気に入らなかった。単なるひがみであることはわかっている。

一般的には、一流大学卒の優秀な人材が集まるベンチャー企業は、将来性が高くて株価の上昇も期待できそうなものだ。ところが、W社は経営陣から突然MBO（マネジメント・バイアウト）が発表された。経営陣による自社の買収だ。

「機動的に経営判断した」というのが表向きの理由だったが、MBOを明らかにする以前からW社の株価は不穏な動きを示していた。

そして、ある時期から突然、業績不振を示すIR情報を連発する。それにつられて株価が下落し始めた。前々から胡散臭《うさんくさ》く感じていたので、株価が下がるように経営陣が誘導しているようにしか見えなかった。

そこへ突然のMBO宣言。見立て通り、経営陣が安値で自社株を買うために、意図的に悪材料となるIR情報を市場に流し、安値を誘導したように感じた。

その結果、多くの個人投資家が損をした。自分もかなりの損を被った。これは株式市場を悪用した詐欺のような行いであり、投資家の端くれとして現在でも許せない。

その経営陣は、厚かましいことに数年後に再上場を画策したものの、さすがに東証はそれを認めなかった。最後はファンドに買われて解体の憂き目を見て、優秀だったはずの社員たちも散逸。事実上、倒産した。

これが将来有望そうだからと、好きでもない会社に投資した末路である。

DokGen流「ほっとけ投資」──②たぶん倒産しない会社

銘柄選定の2番目の基準となるのは、倒産の恐れが少ないこと。株価は下がっても値はつくけれど、倒産してしまったら株券は紙切れになってしまう。

倒産の恐れがあるかどうかを見定めるには、株価や利益の動きを見るよりも、財務基盤を確認するほうが間違いない。

そのために最低限チェックしておきたいのは、次の3項目だ。

- **自己資本比率**
- **利益剰余金**
- **現金と現金同等物**

いずれも「有価証券報告書」「決算短信」「キャッシュフロー計算書」『会社四季報』などで確認できる。

「ほっとけ投資」に難しい勉強は不要だが、これから出てくる単語や数字くらいは直感的に理解できるようになっておいたほうがいい。それは息子にも折に触れて伝えている。それぞれ順番に説明していこう。

自己資本比率は、「自己資本」を「総資本」で割ったもので、単位は%。次の式で算出される。

自己資本比率(%)=自己資本÷総資本×100

自己資本とは、おもに株主から出資されたもので、「返済義務のないお金」とも言える。総資本は「自己資本＋他人資本」のこと。他人資本とは、銀行などからの借入金(負債)で「返済義務のあるお金」のことだ。

わかりやすく言うと、**自己資本比率が高いほど、経営の健全性が高まる。**

セクターによって適正な自己資本比率は異なるが、一般的には50％を超えると財務基盤がある程度しっかりしていると考えていい。

次の利益剰余金は、企業が上げた利益から、配当金などを差し引いたもの。企業の内部に残って積み立てられるお金なので、「内部留保」とも呼ばれる。日本企業は欧米企業と比べると、内部留保が多い傾向がある。

この利益剰余金が大きい会社ほど稼ぐ力があり、その傾向がこの先も続くとしたら財務基盤が安定していると見なすことができる。

最後の「現金と現金同等物」というのは、要するに会社にどのくらい「現金」があるかを示したもの。株式市場ではやはり現金を持っている会社が強い。コロナ禍のような危機に遭っても、豊富な現金による裏づけがあると強いのだ。

この現金と現金同等物は、「キャッシュフロー計算書」で確認できる。キャッシュフロー計算書とは、「営業」「投資」「財務」の活動により得られたキャッシュ（現金）がどのくらいあるかを示したもの。

現金には、現金そのもの以外にも、預金がある。現金に含まれる預金は、「当座預金」「普通預金」「通知預金」の3つ。最初の2つはいつでも好きなときに引き出せる預金で、通知預金は2日前に通知すると引き出せる預金だ。

現金同等物とは、流動性が高く現金化しやすいもの。「3カ月以内の定期預金」「公社債投資信託」「コマーシャルペーパー」（CP）「譲渡性預金」（CD）などがある。

コマーシャルペーパーとは、企業が短期的な資金調達を目的として振り出す無担保の約束手形。譲渡性預金とは、他人に譲渡できる定期預金のことだ。

最強なのは、定期的に現金が入ってくるビジネスモデルの会社だ。

支払いサイトが長くて取引先からの入金までのタイムラグが長期だと、なんらかの理由でそれがストップしたり、現金が回収できるはずの売り先が倒産したりすると、最悪のケースでは連鎖倒産に見舞われることも覚悟しなくてはならない。

DokGen流「ほっとけ投資」——③ 割安な会社

①と②を満たしていたとしても、株価が不当に高すぎる状態だと、投資する価値（バリュー）があるとは言えない。もし高値で掴《つか》んでしまったら、株価が上がる余地がそれだけ限られてしまうからだ。

株価にバリューがあるかどうかを示すのは、「PBR」（株価純資産倍率）とPER（株価収益率）という投資家にはお馴染みの指標。低PBR&低PERが「ほっとけ投資」には最適だ。

PBRは会社の「純資産」に対して、株価が高いか・安いかを示すもの。上場している会社であれば「会社名」と「PBR」でネット検索すれば、すぐに数値が出てくる。PBRが高いと純資産に対して株価が割高、PBRが低いと純資産に対して株価が割安と考えられる。PBR1・0倍なら、純資産と時価総額が同額ということ。PBR1・0倍未満なら、純資産が時価総額を上回り、本来の価値よりも割安で株価が推移していることを意味する。

PBR1・0倍未満の銘柄は業績悪化や不良在庫といった悪材料を抱えているケースもあるので、投資する際には他の指数とのクロスチェックが必要になる。

2020年のコロナ・ショックでは、トヨタ自動車（東証一部・7203）や日本電信電話（東証一部・9432）といった有力株までPBR1・0倍未満となった。

PERは会社の「収益」に対して、株価が高いか・安いかを示すもの。上場している会社であれば、これも「会社名」と「PER」でネット検索すれば、すぐに数値が出てくる。

ＰＥＲが高いと利益に対して株価は割高、低いと利益に対して株価は割安と判断するが、「ほっとけ投資」の銘柄選定では、**同じセクター内で相対的に割安であり、ＰＢＲ１倍以下、ＰＥＲ10倍前後で放置されている銘柄を探す。**

ＤｏｋＧｅｎ流「ほっとけ投資」――④小さな会社

現在の株価×発行済株式数である時価総額は、その「会社の金額」とも言える。

東京証券取引所は、時価総額の大きさと流動性で東証一部の銘柄をランキング化して、上位１００位までの銘柄を「大型株」、次いで４００位までの銘柄を「中型株」、それ以外を「小型株」としている。

10年、20年という長い年月をかけて成長する銘柄をターゲットに、ゆくゆくは5倍、10倍になってくれそうな銘柄に投資する。事実、自分を〝ダブル億り人〟にしてくれたA社は、12年間で最安値から10倍以上に成長した。

そのためには、時価総額が比較的小さな「小型株」をターゲットとするべき。なぜなら、小型株は市場の注目度が低いため割安で放置されつつも、成長性が期待できる銘柄を探しやすいからだ。

小型株のパフォーマンス（収益率）が大型株のパフォーマンスを相対的に上回る現象は「小型株効果」と呼ばれ、理論的には完全に説明できない相場の経験則となっている。

そのため、注目度が高い東証一部ではなく、東証二部や東証ジャスダックなどの銘柄が主要ターゲットになる。実際、〝億り人〟を目指すプロセスでは、東証一部の銘柄はまったく見ていなかった。

大型株は一般的に高い成長性は期待できない。大きく損をする心配が少ない変わりに、大きく儲けられる可能性も低くなる。

日本の時価総額ランキングで10兆円を超えているのは、トヨタ自動車、ソフトバンクグループ、ソニー、キーエンス、日本電信電話の5社のみ（2021年3月24日現在）。いずれも東証一部上場企業だ。

こうしたビッグネームのように、すでに時価総額が十二分に大きい超大型株の株価が、これから10倍になることは、まず考えられない。

時価総額トップのトヨタ自動車の時価総額は26兆円を超えている(同)。発行済株式数が変わらないと仮定すると、株価10倍になると時価総額は260兆円となる。

世界の自動車産業の市場規模は約400兆円と言われているので、世界のトヨタといえども時価総額260兆円超えは難しいことがわかる。

その点、小型株には高い将来性を秘めたお宝が眠っている。もちろん、大きく儲けられる可能性がある半面、大きく損をするリスクもある。どんなリスクがあるかは見極めなければいけないが、長期保有で株価10倍も夢ではない。

時価総額100億円の小型株銘柄の株価が10倍になると時価総額は1000億円。1000億円−100億円＝900億円の価値を生み出すようなビジネスを生み出せばいいのだから、不可能ではない。

日本のIT産業の市場規模は約18兆円で、さらに拡大している。これから900億円の価値を新規で生み出すことは、それほど難しいことではないのだ。

「配当性向」は低すぎても高すぎてもダメ

資産2億円を超えてからは、近い将来、リタイアした後の生活を経済的に安定させてくれる手段として配当金（インカムゲイン）が期待できる「配当株」を中心に保有するようになった。

血気盛んな「ハイリスク投資」をしていた頃は、配当株を狙うなんてダメな投資法だと思っていた。配当金はあくまで株を保有している結果として得られるオマケのようなもので、始めから配当金を狙うのは間違っていると思っていたのだ。

一方、配当金がほしくて長期保有していたわけではないものの、12年間保有し続けたA社は年間100万円ほどの配当金があった。

配当金をきちんと出し続ける銘柄は、配当金狙いの投資家に人気があるので、株価が下がりにくいという利点がある。さらに配当金を再投資し続けると、複利効果で大きな資産を築く原動力になる。

たとえば、年間配当4%の銘柄を18年に渡って複利で再投資し続けると、原資は2倍になる。原資が1000万円なら2000万円に倍増するのだ。

配当4%を18年間ずっと確保できる保証はないとはいえ、複利が持つパワーは侮れないことがわかる。

こうしたことから「ほっとけ投資」でも一応、「配当性向」と「配当利回り」をチェックしている。

配当性向とは、その期の純利益（税引後利益）から、株主に対してどのくらい配当金を支払っているかを表したもの。配当利回りは、購入した株価と比べて1年間にどれだけの配当金があるかを示すもの。これらの数値も「会社名」と「配当性向」「配当利回り」で検索すれば、すぐにわかる。

配当性向の平均は30%ほど。配当金がたくさんもらえる配当性向が高い銘柄ほど歓迎したくなるけれど、「配当性向が悪い＝悪い銘柄」とは言い切れない部分もある。

小型株のように、これから成長を志向している銘柄では、純利益を配当金として分配するよりも、未来への投資の原資となる内部留保として貯め込んだほうが得策と判断される。そのほうが事業は大きく育ち、将来的により多くの利益を生み出す可能性があるからだ。

アメリカの超巨大成長企業GAFAMでも、配当金を出しているのはアップルとマイクロソフトのみ。それも雀の涙のような配当金となっている。

逆説的に言うなら、配当性向があまりに高すぎる企業は成長を諦めているようなもので、それ以上成長する余力がないとも解釈できる。

これまでの経験を踏まえると、配当性向は30％前後、配当利回りは2～3％前後の銘柄が、「ほっとけ投資」のターゲットとしては適していると考えられる。

卵を1つのカゴに盛れ？

株式投資には、いろいろな格言がある。

なかでも有名なのが、**「卵を1つのカゴに盛るな」**というもの。1点集中投資ではなく、複数の銘柄に分散投資してリスクを減らすことをすすめる格言だ。

先人の知恵を否定するつもりは毛頭ないのだが、**投資ステージによってはあえて「卵を1つのカゴに盛る」という集中投資も必要だと思う。少なくとも自分は、そのやり方で資産を増やした。**

とくに投資資金が数十万円と少額の場合、たくさんの銘柄を保有するべきではない。ただし、資産1億円を突破してからは、「卵を1つのカゴに盛る」ようなことはしていない。大きく失敗すると、資産90万円のどん底に逆戻りする恐れすらあるからだ。

しかし、〝億り人〟へと向かう「ほっとけ投資」のプロセスにおいては、リスクを許容したうえで、ある程度の集中投資は欠かせない。

仮に節約して貯めた軍資金1000万円を、3つの銘柄におおよそ3分割して300万円ずつ投資したとする。

どんなに入念に選んだとしても、3つの銘柄全部が株価10倍に跳ね上がることはないだろう。選定した銘柄が「テンバガー」になる確率が10分の1だとしても、3つともテンバガーになる確率は10×10×10＝1000分の1なのだ。

3銘柄のうちの1銘柄が10年でテンバガーになったとしても、300万円×10倍＝

3000万円。上々の結果とはいえ、10年以上持ち続けて3000万円では、〝億り人〟を目指す身としては物足りない。

3銘柄に分散投資しようとすると、1つひとつの銘柄の分析と検討にかけられる時間と労力も3つに分散する。それが思わぬ判断の狂いを招き、3つとも芽が出ずに割安のままで放置される〝バリュートラップ〟に陥るリスクだってある。

そもそもサラリーマン投資家は、忙しく働いているのだ。10銘柄以上への分散投資などは、なおさらリスクが高まる。

自分なりに倒産しないと確信したなら「卵を1つのカゴに盛る」という気持ちで1点集中投資をすると決めれば、1つの銘柄のみに時間と労力を費やしてじっくりと分析と検討ができる。

そうやって選んだ銘柄に1000万円を投資して、それが10年後にテンバガーになったとすると、1000万円×10倍＝1億円。もちろん単純計算だが、これだけで〝億り人〟になれる。

話は少々それるが、このところ自分はトレーニングにハマっている。

トレーニングの世界では、「No pain, no gain」が合言葉。痛みを感じるような苦しいトレーニングに耐えないと、得られるものも限られるという意味だ。何かを成就させたいと思ったら、そのために耐え忍ぶことが必要となる。

その真理は株式投資にも当てはまるように感じている。1点集中投資が空振りに終わるリスクはある。でも、リスクなくしてリターンなし。ハイリスク・ハイリターンでは困るが、「ほっとけ投資」ではミドルリスク・ハイリターンを狙えるのだ。

ストーリーを描いてから買い崩れたら迷わず売る

機関投資家は、決算短信のような定量データをAI（人工知能）が瞬時に解析して投資しているそうだ。しかし、経営陣のインタビューや株主総会でのプレゼン、質疑応答といった定性データは、さすがのAIもまだ完全には解析できないだろう。

定性データは結局、人間しか解釈できない。その点に個人投資家が機関投資家に勝てる余地がある。

これに加えて重要なのは、自分の頭でストーリーを組み立てられるかどうか。

ここでいうストーリーとは、投資する銘柄の株価が上がるシナリオのようなものだ。

たとえば、コロナ禍で都心のオフィス需要が縮小して、不動産デベロッパーの業績と株価が低迷している半面、在宅勤務の広がりでリモートワークに必要なハードやソフトをつくっている会社の業績と株価は上昇していた。

ワクチンや抗体の開発が成功して、新型コロナが普通の風邪みたいになったとしても、リモートワーク化の潮流は変わらないだろうというシナリオが描けたとしたら、リモートワーク関連のセクターで財務基盤が盤石なバリュー株への投資を検討する。

ストーリーが思い描けないのに、定量データの数字だけに頼って投資しないほうがいい。なぜなら、株価が大きく上下したときに、買い増しするべきなのか、それとも売るべきなのかが判断できないからだ。

自分の頭でストーリーを組み立てて投資をしていたら、そのストーリーが崩れたときには迷わず売却するべきだ。たとえ「ほっとけ投資」の銘柄でも、ストーリーが完全に崩壊しているにもかかわらず、頑固に持ち続ける必要はない。

息子には「何を買ったらいい？」と訊かれても、「自分で考えてみなさい」と突き放している。

では、ストーリーを組み立てて株式投資に活かすには、どうしたらいいのか？

自分が実践してきたのは、**「社内でその事業の担当者になったら、どのようなビジネスモデルをつくって展開するか？」**というシミュレーションをすることだった。細かく見ると会社という組織は異業種のスペシャリストの集まりのようなもの。部門ごとにまるで違う仕事をしている。人事異動で異なる業務を体験しながら、スペシャリストでありながらジェネラリストにもなれるのが、サラリーマン投資家の特権の1つ。それはストーリーの構築能力を確実に高めてくれる。

リモートワーク関連銘柄への投資を考えているなら、自分が会社のリモートワーク担当者に任命されたとイメージしてみよう。

本当の仕事だったら、会社のプラスになるには、どうすればいいかを必死に考えるだろう。同じくらいの真剣度で、その銘柄の事業の先行きがどうなるかをストーリー立ててみるのだ。

たとえばサイボウズ株を買った当時は、1999年にNTTドコモが始めた世界初の携帯電話向けネットサービス「iモード」が出たばかりだった。

いまではサブスクリプション（定額課金）やクラウドのサービスが脚光を浴びているが、当時はiモードによってグループウェアが使えるようになれば、サイボウズのユーザーが20％くらいは増加するだろうとストーリーを描いた。

こうしたシミュレーションがリアルにできるのは、サラリーマン投資家のアドバンテージの1つだと思う。

キャッシュ比率は年代ごとに高める

自分の人生を振り返ると、資産のうちどのくらいを手元に現金で残しておくかというキャッシュ比率と年代には、不思議なシンクロがあると思う。

20代は20％、30代は30％、40代は40％、50代は50％というふうに、年代が上

がるほどキャッシュ比率を高めたほうがいいのだ。

20～30代の多くは、給料がまだ安いので余剰資金はそれほど多くない。それなのに「不安だから半分は現金で持っておきたい」などと株式投資に及び腰でいると、大きな資産を築くのは難しくなる。

息子のように20～30代なら、たとえ失敗してもやり直しが利く。これまで恥をさらしてきたように、自分も若い頃は失敗に次ぐ失敗だった。それがのちに活きたのだ。

サラリーマン投資家は、毎月決まった給料を得られる。失敗しても、その経験を糧として再スタートを切ればいいのだ。とくに独身なら、自由に使えるお金は多いはず。若いからこそできる思い切ったチャレンジをしてみるのも悪くない。

中堅どころの40～50代になると、給料も増えてくる。しかし、自分がライブドア（マネックス）・ショックで失敗したように、投資にはリスクがともなう。それは投資のプロであろうと、ほとんど予期できないものだろう。子どもの教育資金や生活費にお金が必要な場面も増える。若い頃と同じノリで投資するのはリスクが高い。

現在50代の自分のキャッシュ比率はちょうど50%くらいになっている。

年代に応じて似合う洋服や食の好みが変わってくるのと同じように、投資スタイルも年代に応じて臨機応変に変わってくる。キャッシュ比率もその1つ。資産をそれなりに築いて、リタイアが近づいてきた段階なら、あえて冒険せずに日経平均やTOPIXなど指数連動型のインデックス投資で安全運転を心がけるのもアリだと思うようになっている。

ポジショントークに左右されるな

ネット上の「Yahoo! ファイナンス」の掲示板やツイッターなどに、思わぬ投資のヒントが落ちていることもある。

とくに有名投資家のツイッターやブログは貴重な情報源。自宅のソファーに腰を落ち着けて有価証券報告書や『会社四季報』を読み込むよりも、スマホ片手にツイッターやブログを検索するほうが、新鮮な発見が得られるケースは少なくない。

ギブ&テイクという言葉の通り、自ら情報を発信していると、興味深い情報が得られることもある。自分が買った銘柄には、ブログにコメントを寄せてくれた人や、ネットを介して知り合った投資家仲間の情報を参考にしたものもある。持っている銘柄すべてが自分でゼロから調べたものではないのだ。

一方で、ネット上の感覚的な情報に踊らされてしまう人も多い。

たとえば、保有している銘柄が上がると、世間の評価が気になり、掲示板やツイッター上での評判が知りたくなる。そういうときに限って、予言者でもないのに「間もなく大暴落するから、売ったほうがいい」とつぶやいたり、「オレが数億円で空売りしてやる」といった真偽不明のホラを吹く人が出てきたりする。

空売りし、予想通りに株価が下がった段階で買い戻せば、大きな利益が得られるわけだが、それがデタラメだと頭ではわかっていても、気分が悪くなる。投資歴が長い自分でもいまだに「嫌だな」と暗い気持ちになるくらいだから、少なからずの個人投資家が影響を受けているだろう。

それはけっこうストレスになるし、挙げ句に「ひょっとしたらホントにこの先、悪材料が出てくるのかもしれない」と疑心暗鬼になることもある。

不安をあおるような情報の多くは、単なるポジショントーク。逆に、自分が買った銘柄の好材料となるような情報を流布して値上がりを狙うのもポジショントークだ。

ネット上はそうしたポジショントークが蔓延しているので、ネット上のつぶやきは、話半分どころか話1割くらいに思っておけばいい。

「信用取引」という劇薬とのつき合い方

資産2億円超えの原動力の1つになったのが「信用取引」だ。

信用取引を利用すると、資産評価額の3倍程度までレバレッジを効かせて投資できる。これは、銀行における信用創造と同じように、資本主義の国に生まれた日本人に与えられたギフト（贈り物）のようなものだと自分は思っている。

このギフトは幸せへの扉を開いてくれるケースもあれば、意に反して不幸への扉を開いてしまうケースもある。儲けが3倍になる可能性がある半面、損失が3倍に膨らんでしまう可能性もあるのだ。

そのため株式投資関連の書籍の多くでは、信用取引は手を出すべきではない投資スタイルの筆頭に挙げられることが多い。

確かに株式市場で堅実に資産を増やしたいなら、信用取引に手を出さなくて済む。日経平均や米国のS&P500などに連動しているインデックス投信を買って、年率4%で回せたら満足というのであれば、信用取引など活用せず、保有資金だけで株式を買う現物取引のほうが安全かつ確実だ。

しかし、資産規模がまだ小さな段階で、資産を大きく増やしたいのならば、信用取引は有効な手段だ。自分も活用した。確かにリスクをともなうが、リスクなくして資産1億円を超えるようなリターンは期待できないと考えたのだ。

2006年のライブドア（マネックス）・ショックまでは信用取引をしていた。それも**「信用二階建て」**と呼ばれる取引。これは、現物取引で保有している銘柄を信用取引でも買う行為だ。リスクが高すぎるとして、信用二階建て取引を禁止しているネット証券もある。

自分は信用二階建てのおかげで軍資金1000万円をいったん2億3500万円まで増やせたのだが、ライブドア（マネックス）・ショックの局面では信用二階建てが裏目に出て資産が8000万円まで激減した。それからは信用取引を一切やめており、現物取引のみを行っている。

原資が8000万円もあれば、信用取引でレバレッジをかけなくても資産1億円突破は十分に狙えると考えたからだ。

最初から安全運転を心がけて、リスクをともなう信用取引に手を出さなかったとすると、短期間で軍資金1000万円が（大暴落後でも）8000万円まで増えることはなかった。

リスクをどれだけとれるかは目的や資産に応じてケース・バイ・ケースだし、投資家人生のステージによっても異なる。それでも「信用取引は絶対NG」と頑なに思い込んでしまうのは、自分は間違っていると思う。

もちろん信用取引を手放しですすめているわけではない。プラス面とマイナス面を理解したうえでリスク管理の方法を学び、ステージに応じて使うか・使わないかを自分で判断することが欠かせない。

すでに触れたように、自分の株式投資には、①徹底した節約で軍資金1000万円を貯める、②リスクを背負って信用取引を活用しながらの「ハイリスク投資」、③集中&超長期保有の「ほっとけ投資」――という3つのステージがあった。

このうち信用取引がプラスに作用したのは、ステージ②の「ハイリスク投資」のみ。当時、信用取引の委託保証金維持率は200%をキープしていたと記憶する。つまり、決して過剰なリスクをとったわけではないのだ。それでもライブドア（マネックス）・ショックで全保有銘柄が3日連続ストップ安となったときは、吐き気をもよおすほどの恐怖感を抱いた。

少なくとも信用取引のリスクと自分の許容範囲を把握し、信用取引の使い方をしっかりと理解してから挑むことだ。そこを慎重に見定めて、信用取引を選択肢の1つとして頭の片隅に入れておくのもいいだろう。

息子よ、人生ではリスクを負ってでも、勝負すべきときがあるのだ。

STEP 5

サラリーマンが株式投資で勝つ条件

サラリーマンになった息子に伝えた「3S＋1」

30年以上前、景気の荒波に左右されず、一生働ける場所として食品メーカーに就職した。

息子も同じように考えたらしく、業界は違えど小さな電力関連会社に就職した。東日本大震災で福島第一原子力発電所の事故があったとはいえ、人びとの暮らしを根本から支えているインフラ系は、いまも昔も欠かせない存在だ。

冷静に考えると、息子はよくぞ大学を卒業して就職できたものだと思う。優等生とは、ほど遠い存在だったからだ。

前妻の浮気で突如、シングルファーザーになった身としては精一杯頑張ったつもりだが、それでも母親の不在は大きかった。寂しさを埋めるように息子はグレた。

現在の妻とは2007年、自分が41歳のときに再婚した。

実の母親と5歳で別れている息子は、2番目の妻とは反《そ》りが合わなかった。そして、

1つ屋根の下で暮らすのは難しくなり、実家の母に助けてもらった。近所のアパートに、母と息子の2人で住んでもらったのだ。

喪失感からくる息子のやり場のない怒りは、それでも収まらなかった。住んでいたアパートの5階から、怒りに任せて扇風機を階下に放り投げる事件も起こした。その数、実に3台。下に誰もいなかったのが、不幸中の幸いだった。

あるとき父子で大喧嘩となり、息子はとうとう台所から包丁を持ち出した。さすがに包丁で刺すような真似はしなかったものの、ボディを思い切り殴られ、自分は肋骨を折られてしまった。

グレた息子は不登校気味になり、高校にも満足に通っていなかった。出席日数が足りないと卒業できない。本人に高校を卒業したら大学へ進学して就職するという明確なビジョンはなかったようだが、父親と同じ三流大学でもいいから、大学くらいは入ってほしいと願っていた。

ある日、仕事を休んで、担任の先生に会うために高校まで出向いた。

担任の先生を前に、土下座をして「息子を卒業させてください！」とストレートに頼み込んだ。その親心が効いたのか、それとも担任の教師の慈悲《じひ》の心が働いたのか、息子は卒業して大学へ進学できた。

大学に進学してから、息子は地元を離れて1人暮らしを始めた。それから息子には驚くような変化が起こった。

母親にまだ甘えたい時期に、大人の事情で母親から引き離されたので、本人は誰かに頼りたい、甘えたいという気持ちが強く残っていたのだろう。高校までは、頼りたくても頼れない、甘えたくても甘えられないという葛藤が怒りに変わり、暴力という形で現れた側面もあったのかもしれない。

1人暮らしをするようになり、すべて自分でこなさなくてはならない環境に置かれると、息子も頼りたいとか甘えたいとか、そんなことを言っていられなくなったようだ。こうした環境の変化が、息子の意識を変えた。

大学を卒業する頃には、高校時代までの荒れっぷりがウソのように、穏やかな青年に成長した。そして、ついに冒頭でお話しした通り、サラリーマンになった息子とは時折、酒を酌み交わし、世間話をする間柄になった。

株式投資については、いま何を買うべきかといった特定の銘柄の話は一切しない。

だが、投資家としての心構えについては折に触れて伝えている。

そこでいつも強調しているのは、サラリーマン投資家として生きるうえでは「3S+1」が大事だということ。

3S+1とは、「借金をしない」「スタディ（勉強）をする」「仕事を頑張る」+「働く伴侶を娶《めと》る」という意味だ。

サラリーマン投資家の先輩の立場から言わせてもらうと、この4つを守っていれば、人生はかなりの確率でうまくいくと思っている。

DokGen流 3S+1——①
借金をしない

経済的に自立して、個人投資家としてまとまった資産を形成したいなら、**若いうちから借金を背負ってはいけない。**

何より軍資金となる1000万円を貯めることが先決だ。

とくに、若くして数千万円もの住宅ローンを背負うことはご法度だ。

先日、30代の後輩とサシ飲みした際、「結婚したので35年ローンでマンションを買おうと思っています」と言ってきたので、言葉も選ばず反射的に「おまえ、アホか！」と関西弁で叱りつけてしまった。

20〜30代で長期の住宅ローンを組んでしまうのは、人生を豊かにする資産形成を諦めて、軍資金1000万円を貯める努力をみすみす放棄するようなもの。自分に言わせれば、死ぬまで労働者のままでいい、資本家にはならないと高らかに宣言しているようなものだ。

長引く超低金利時代を反映して、住宅ローンの金利もこのところ史上最低レベルを維持している。全期間変動金利なら年率0・4％程度（2021年3月時点）。バブル期の1990年前後に8％を超えていたことを思い返すと、確かに魅力的ではある。

サラリーマンには信用があり、長期で住宅ローンを組めるのは特権のようなもの。非正規雇用で収入が不安定だと住宅ローンを借りるのに苦労することもあるようだが、正規雇用なら若いサラリーマンでも審査に落ちる確率は低いだろう。

2LDKで4000万円の新築マンションを頭金ナシ・全額住宅ローンで購入しようとすると、金利0・4％なら月々の返済額は10万円程度（元利均等返済・ボーナス返済ナシ）。「月々10万円で買えるなら賃貸よりいいかも」と考えがちだが、これは35年ローン。30歳でローンを組むと65歳まで借金を背負うことになる。頑張ってくり上げ返済していけば、完済も早まるだろうが、それまでは投資する余裕はなくなる。

マンション購入には、物件価格の3～5％の諸費用がかかる。4000万円の物件なら120万～200万円ものお金が吹き飛んでしまう。

株式は持っているだけで配当金を生んでくれるし、値上がりすれば売却益だって得られる。でも、マンションには月々のローン支払いのうえ、管理費や修繕積立金もかかる。築年数が増していけば、これらはマンション管理組合の合意のもと増額されるケースが多いようだ。

税金面でも、不動産を持っていると毎年、固定資産税がかかる。株式はただ持っているだけなら無税だが、不動産は買ったときにも税金がかかり（不動産取得税）、売却したときにも得られる所得に対して税金がかかる。一方、株式は売って利益が出たときのみ、約20％の税金がかかるだけだ。

マンションには資産価値があるのかもしれないが、ローンを完済した築35年の物件にどのくらいの資産価値が残っているだろうか。

いまから約30年後の２０５０年には、日本の総人口は1億人台まで減り、しかもその約38％にあたる４０００万人ほどが65歳以上の高齢者になるとも言われる。

地方を中心に人口減少・空き家問題がこれから顕在化するのに、築35年のマンションが資産になる保証はない。思ったような金額では売りたくても売れない、貸したくても貸せない〝負動産〟にならないとも限らない。

自分は〝ダブル億り人〟になったいままでも、社宅に住み続けている。

サラリーマンなら住宅手当をもらいながら、借家住まいがいちばん。社宅があれば迷わず社宅に住み、浮いたお金でせっせと軍資金を貯め、投資するのが労働者から投資家になる有効な手段なのだ。

公共交通機関が充実している地域に住んでいるなら、見栄でクルマを所有する必要もない。各種税金・保険・車検・駐車場・ガソリン代など、維持するだけでかなりの金額が必要だ。必要なときだけ利用するカーシェアやレンタカーで十分だろう。

息子には、持ち家とマイカーを所有しないで投資に回すことで、将来の資産形成に大きな差が生じることを何度も説明した。とくにクルマに興味を持つ年頃の息子に、はっきりと「クルマは買うな」と釘《くぎ》を刺しておいた。

DokGen流 3S+1――②
スタディ(勉強)をする

次に勉強すること。何を勉強するかというと、むろん株式投資について。これは父子家庭になるまで、かれこれ10年以上も勉強らしい勉強をしないで株式投資をしてきた自分からの、強い自戒の念を込めたアドバイスだ。

株式投資は、宝くじを買うのとはワケが違う。当たるか・当たらないかを運が100%左右する宝くじを買うのに勉強は不要だが、株式投資には学びが欠かせない。

自分が初めて買ったキッコーマンのように、深く考えずに買った銘柄が運良く値上がりして儲かるビギナーズラックもあるが、そんな運任せの幸運は長く続かない。

海外のトップ大学を出ていようが、日本の三流大学を出ていようが、誰にとっても1日は24時間と平等だ。サラリーマンだって、孫正義氏だって、バフェット氏だって1日は24時間。平等に与えられている時間という財産をどう効率的に活用できるかが、ある意味で人生を決めている。

ネット動画やスマホゲームに費やしている時間など、浪費している時間は案外多い。そんな惰性で浪費している時間を株式投資の勉強に有効活用することが、労働者から投資家への第一歩となる。

かといって朝から晩まで、株式投資のことばかり考えるわけではない。

株式投資について何も知らないうちは1日1時間くらいの勉強は必要かもしれないが、知識が増えるにつれて学びに要する時間は減ってくる。あとは実践から学ぶだけ。

自分は現在、出勤前に立ち寄るスターバックスでコーヒーを飲みながら、スマホで日本経済新聞のサイトを閲覧したり、ツイッターで投資に関する情報を

読んだりしている。

歯磨きと一緒で、一度習慣になってしまえば、「株式の勉強するぞ！」といちいち身構えなくても、学びは生活に自然と組み入れられるものだ。しかも実益に直結する勉強なのだから身が入るし、けっこう楽しい。

投資の勉強は学校の勉強とは違って、実益にかなった「楽しみ」であり「習慣化」しやすいのだ。

DokGen流 3S＋1――③ 仕事を頑張る（でも時間は売るな）

株式投資に夢中になって仕事を片手間で済ませるのは、サラリーマン投資家としてスマートではない。あからさまに仕事を疎《おろそ》かにしていたら、周囲に悪影響を及ぼすし、上司に見破られてリストラ要員にリストアップされる恐れだってある。

そもそも仕事に真面目に打ち込むことは、投資活動にもプラスに作用する。

会社は多くのプロフェッショナルの集合体だ。営業のプロもいれば、マーケティングのプロもいれば、ＩＴのプロもいる。そうした違う分野のプロたちとの触れ合いから、新しい投資先のヒントが見つかる可能性がある。

自分もＩＴ部門で会計システムをつくった際、財務や経理の担当者たちとそれこそ膝《ひざ》を突き合わせて濃密な時間を過ごした。

そのときに株式投資に欠かせないＰＬ（損益計算書）やＢＳ（貸借対照表）の読み方がわかり、数字が生きたデータとして腑《ふ》に落ちるようになった。

管理職となったいま、自分の本質的な仕事の１つは、業務の必要性を吟味して無駄を省くことだと思っている。何をやるかを決めるのではなく、何をやらなくて済むかを見定めて、業務の効率化を図るのだ。

無駄を省くことも、株式投資に通じる。パフォーマンスが悪い銘柄を減らし、よりパフォーマンスの良い銘柄と入れ替える取捨選択が求められる局面もある。仕事で無駄を省く作業に慣れていると、こうした取捨選択も躊躇《ちゅうちょ》なくできる。

仕事に励んでいると、会社が思いがけないチャンスをくれることもある。

自分は2014年、48歳のときに会社から1年間の米国勤務を命じられた。ある米国企業の事業買収をするM&Aの案件があり、買収した企業と自社のシステムを統合するのが課せられた任務だった。

会社の米国事業を左右するような数十億円規模のシステム構築プロジェクトのリーダー役となり、毎日緊張の連続で大きなストレスに押し潰されそうになった。

勤務先は外資系企業でも商社でもない食品メーカーだったので、海外で仕事をするチャンスが巡ってくるとは、夢にも思っていなかった。だから、社会人になってから英語を勉強したこともなかった。

そんな状態で米国勤務となったので、英語でのコミュニケーションが難航を極め、見かねた米国側の担当者が日本語の猛勉強を始めたくらいだった。それでも、どうにかこうにか言葉の壁を乗り越えてプロジェクトを成功させ、帰国することができた。

仕事で結果を出していれば、このように思わぬチャンスに恵まれることもある。早期リタイア後の選択肢の1つとして海外移住も視野に入れているけれど、それはたとえ1年とはいえ、海外生活を経験したことが大きく影響している。

前述の通り、離婚して父子家庭になってからは定時の5時半に仕事を終え、保育園に息子を迎えに行っていた。働き方改革が叫ばれるようになったいまでもサービス残業は少なからずあるだろうし、逆に残業代稼ぎに精を出す人もいるだろう。

でも、もっと大きな目的を達成するためには、限りある自分の「時間」を会社の仕事に安売りするべきではない。

もちろん、仕事が自分の成長につながる価値があるなら、一心不乱に打ち込むことは有益だ。人生に知識と経験、それに思い出を与えてくれる仕事も、良いものだと息子には伝えた。

DokGen流 3S＋1――④ 働く伴侶《めと》を娶る

2015年の国勢調査をもとにした「国立社会保障・人口問題研究所」の試算によると、生涯未婚率（50歳の時点で一度も結婚をしたことがない人の割合）は、男性23％、女性14％に達している。1人で生きていく人が増えてきたわけだが、息子には素敵な伴侶を見つけてほしいと思っている。

素敵な伴侶とは、結婚を3食昼寝つきの〝永久就職〟と考えているようなタイプではなく、自立して仕事に打ち込んでいる人。夫婦共働きだと生活コストが抑えられるし、軍資金も早く貯められる。飛行機はエンジンが1つよりも、2つあったほうが安全だ。

先日、前妻と息子と3人で、居酒屋で会った。前妻とは軽い修羅場を経験して別れたものの、息子にはいくつになっても産みの親。息子が母親に会いたいと言うので、実は離婚してからも3人で定期的に会食している。

その最中、息子が「つき合いの悪い、全然面白くない会社の同期が、もう数百万円も貯金があるらしい」という話をした。ここぞとばかりに、自分が身を乗り出して株式投資の軍資金の話をしようとしたら、前妻がそれを遮《さえぎ》るようにこう言い放った。

「若いときはそんなのダメ。つき合いにお金を使うことが大事」

それは予想通りの回答だった。

本人の前でそれを否定しても、前妻の口撃に遭《あ》うのはわかっていたので、彼女がトイレに立った隙《すき》を見計らい、息子にこう話した。

「パパはまず1000万円貯めろといつも言っているけど、同期の彼はそれを目指していないんじゃないかな。同じ会社なんだから、おまえにもできるよ。飲み会は、収入の範囲内で月2回とか回数を決めて参加すればいいと思う。それともう1つ、男に奢《おご》らせるのが当たり前と思っているような女性、家族のために働く気がない人とは、結婚をしないほうがいいぞ。ロクなことがないから」

話し終えたちょうどそのとき、顔を赤くした前妻がトイレから戻ってきた。

サラリーマンでいるうちに使うべき「信用」

息子や部下には若くして住宅ローンを借りるなと諭《さと》している。若いうちから長期の借金を背負うと投資家としてのチャンスが減るからだ。

しかし、個人投資家としての知識と経験が十分に積み上がり、すでにそれなりの資産を築いた人にとっては、超低金利の住宅ローンを投資に活かすという〝裏ワザ〟がある。

借金がすべて悪というわけではない。若いときの借金はすすめられないが、ある程度の資産を築いた人であれば、サラリーマン特有の「信用」を利用して、あえて借金をするのもアリだ。クレジットや自動車ローンは〝悪い借金〟だが、資産を生む借金は〝良い借金〟となり得る。

投資で勝つためには、投入する資本を最大化することも重要。そして普通のサラリーマンが人生でもっとも大きな資本が得られるのは、住宅ローンだ。

株式投資をする能力さえ磨いておけば、超低金利で住宅ローンを長期で借りておいて、それを株式で運用すればローンで大きな資産が築ける。

あえて4000万円を住宅ローンで借り入れると、自由に使える4000万円が株式投資に振り向けられる。

仮に住宅ローンを0・4％の低金利で借り、借りた4000万円をインデックス投信などで利率4％で運用できたら、差額約2・86％が税引き後の儲けになる（金利は変動するのであくまで概算)。

4000万円を2・86%で運用できたら、年間114万円のプラス。35年間のローン期間でトータルすると総額4004万円ほどの利益となり、ローンの総返済額4287万円に近い利益が得られる。

4000万円の資産をまったく減らすことなく、4000万円のマンションが280万円ほどで手に入る計算となる。

不動産を買うと諸経費や税金がかかるものの、住宅ローンには減税メリットもある。条件を満たせば、ローン残高×1%の減税が最大13年間得られる。しかも団体信用生命保険(団信)に加入すれば、ローン返済中に万一のことがあったとしても、生命保険が下りて残りのローンは弁済される。

住宅ローンで苦しむか、それとも住宅ローンで人生を楽しむか。その差を分けるのは、株式投資が上手にできるかどうかの違いだと改めて感じる。

「FIRE」しても大丈夫か？

30〜40代で早期リタイアする「FIRE」が注目されている。FIREとは、Financial Independence, Retire Early の頭文字を並べたもの。「経済的独立を果たした早期退職」を意味する。

米国発で広がった言葉だが、書籍などを通じて日本にも広がり、すでに実現している人もいる。

FIREを実現するためには、年間支出の25倍の資産を築いてから、あとはそれを年率4％で運用することが基本となる。

支出が月20万円で年間240万円なら、240万円×25倍＝6000万円の資産を築く。その4％は240万円なので、年率4％で運用できたら現在の生活水準を崩さないで、資産を切り崩すこともなく、早期リタイアが可能になるという計算だ。

この4％という数字は、米国のS&P500に連動するインデックスファンドの利回りが平均7％であり、そこからインフレ率の3％を引いて求められた。

50代半ばの自分は、ちょっとだけ早いリタイアを画策しつつ、サラリーマンを続けている。そんな自分からすると、ＦＩＲＥであまりに早期にリタイアすることには疑問も感じる。

早くリタイアしすぎると、残された人生の時間もそれだけ長くなる。その間にはリーマン・ショックやコロナ禍のように、景気と市場を揺るがすような予期せぬ出来事が何度も起こり得る。数千万円の資産では心もとないし、年率４％で運用し続けるという方程式が崩れる恐れだってある。

数千万円の資産では、やりたいことも満足にできない恐れがある。資産が目減りしないようにずっと気にかけながら、〝食べて・寝て・出す〟だけの人生を延々と送るのはつまらない。

海外プロジェクトへの参加などは、まず個人では経験できない。サラリーマンだからこそ経験できることだ。一定の年齢に達して管理職などの役職を解く役職定年になって、一線を退くようになるまでは、たとえ経済的自立を果たしていてもサラリーマンでい続けたほうが良いように思う。

筋トレは株式投資にプラス

自分はいま2カ所のフィットネスジムの会員になっている。そのコストは年間25万円だが、これはカラダへの投資。現在、最優先している投資先だ。

筋肉量は加齢によって減るが、散歩くらいの軽い運動では筋肉量が落ちるスピードを若干遅らせるほどの効果しかない。

経済力があっても、肉体が衰えては人生を楽しめない。筋肉を鍛えて健康を維持するためのトレーニングは欠かせないと思っている。

〝カラダへの投資〟は、リタイア後も変わらず続けるだろう。筋肉が減りすぎて活発に動けなくなると、残りの人生でできることが限られてくる。行きたいところに行き、やりたいことをやるためにも、少なくとも60歳までは筋肉を貯める〝貯筋〟をするため、ジム通いを続けたい。

メインのジムは会社の近くにある。平日朝と夕方のプログラムに参加しており、ほぼ毎回VR（仮想現実）技術を駆使したハードな自転車トレーニングをしている。

ジムでの早朝プログラムに参加するため、毎朝5時55分に起床。そのおかげで、生活リズムが規則正しく早寝早起きになった。夕方は、定時で切り上げてジムに行くと部署内に宣言している。

ジムに通う時間をあらかじめ決めると、仕事を効率的に片づける意識が高まった。時間の無駄がなくなり、朝から夕方までのスケジュールにほぼ「空白」がなくなった。

そうしたスケジュールは会社の「アウトルック」のカレンダーで公開しているので、時間外に会議の招集などがされないというメリットも感じている。

エラそうに語ってしまったが、ジム通いを始めたのは5年前のことだ。それには次のような事情があった。

2014年にアメリカでM&A関係のプロジェクトに参加している最中、実は「狭心症」を発症した。当時は体重90kg、体脂肪率26%という完全なアメリカンサイズ。それにビッグサイズのハンバーガーやピザといった脂っこい食事、一瞬も気が抜けない海外プロジェクトの心労などが積み重なって倒れてしまい、現地で入院して緊急の心臓手術を受けたのだ。

倒れる寸前は1人で満足に歩けなくなり、担当医いわく「いつ心臓が止まっても、おかしくない状態」だったそうだ。

心臓と血管の負担を減らして再発を避けるため、医師から減量を厳命され、退院後に食事制限とジム通いをスタートさせた。

ジム通いを始めてから、体重や体脂肪だけではなく、血糖値、血圧、悪玉コレステロール値、中性脂肪値といった血液検査の数値が、ほぼ健康体の数値になった。それまでは、あらゆる数値が赤信号状態だったので、我ながら見事にV字回復できた。

それから5年が経ち、現在は体重74kg、体脂肪率11・7%。身長183㎝なので、ちょっとした細マッチョ体型になっている。

始めは単なる減量狙いだったのだが、続けているうちに肉体改造の面白さに目覚めてきた。50代半ばなので、さすがに若者やボディビルダーのように筋肉ムキムキになってはいないけれど、「InBody」という体組成計で測ると、体内年齢を示す内臓脂肪レベルは10代と同レベルを維持している。

科学的根拠はないが、トレーニングは仕事や投資活動にもポジティブな影響を与えると思っている。実際、米国勤務で太っていた時期は、何もかもダメになっていくネガティブな気分だった。その後、ジムでカラダが毎日変わることを実感しているうち、「自分もやればできる！」という自信がついた。その自信は投資にもポジティブに作用している気がするのだ。

キツい負荷に耐えるトレーニングは、自分との戦い。そんなトレーニングを続けていると、カラダだけではなくメンタルまでタフになるようだ。すると、ちょっとやそっとの株価の下落でメンタルをやられなくなり、下落局面になっても平然とホールドを続けられる。

「最近太ってきた」という息子も、自分のすすめもあって筋トレを始めた。それが息子の投資家人生に、プラスに働くことを切に祈っている。

定年退職後の切実な資金問題

サラリーマン人生の後半には、転機が３回訪れる。

①役職定年、②退職、③再雇用を終えた完全な退職——という3つだ。

自分は現在、部下十数名を持つ課長職だが、60歳を迎える課員の定年後再雇用希望者との面談をしている。その大半は、再雇用を希望する。

勤務先の60歳定年後の再雇用制度には、次のような2つのパターンがある。他社でもおおよそ似たようなものではないだろうか。

優秀な社員と認められたら、60歳を超えてもそれなりの待遇で迎えられる。この場合、減額するとはいえ手取り年収600万円程度だからいいほうだろう。

それ以外の社員は、手取り年収200万円台まで下がってしまう。コンビニでアルバイトするのと変わらない収入だろう。いや、働き方によっては、それ以下かもしれない。

前者は毎年わずか数名であり、ほとんどが後者となっている。

コンビニのアルバイト並みの年収200万円という厳しい条件でも、ほとんどの社員は60歳での再雇用を選択する。異口同音に「退職後、生活苦に陥らないために年収200万円でも働きたい」と言うのだ。

いくら地方都市でも、年収200万円の生活水準は決して高くはない。大病を患ったりすると、虎の子の退職金を切り崩す生活に陥るかもしれない。

個人差はあるが、退職金の相場は2000万円前後だと思う。ダブルインカムでない限り、老後の最低限の生活を守るためには、年金支給開始年齢まで〝空白の5年間〟の生活費や教育費を考えると、再雇用などで最低でも年収300万円（5年間で1500万円）を確保して、退職金と合計して3500万円程度は貯めていないと生活は厳しくなると思う。

住宅ローンで家を買った人は、定年までにローンを完済していないとさらに経済的に苦しくなる。

定年までにどのくらいの資産を貯めているかは見当がつかないが、同僚たちの話を小耳に挟む限り、退職金を含めて3500万円を貯められた人はおそらく少数派だ。

かく言う自分も、もしも株式投資をしないで給料だけで子育てしていたら、（妻との共働きだったとしても）60歳の定年時に資産3500万円を超えられていた自信はない。

自分は父子家庭時代から現在まで、定時になると退社する生活をしている。かといって仕事の手を抜いているわけではない。定時退社を逆算して仕事を効率化してきたつもりだ。いわば〝1人働き方改革〟でつくった時間で、投資の勉強と実践に励み、資産を築いてきた。

毎日夜遅くまで働いてそれなりの成果を得て、会社から「よくやった」と評価されることをモチベーションに働き続け、いつしか定年を迎える。毎年、定年後再雇用希望者と面談をしながら、「この人のサラリーマン人生は果たして報われたのだろうか」と考えさせられる。

雇用延長であと5年働いたとしても、トータルで得られる収入は約1000万円。それは果たして、残りの人生を5年削ることに相応しい対価と言えるのだろうか。

定年後、苦労しないためにも、株式投資を含めて人生設計を考える働き方改革が、日本企業のサラリーマンには不可欠だと切実に思う。

早期リタイアを画策せず、定年までサラリーマンとして勤め上げるとしても、30〜40代のうちから将来を見据えた投資を始めておくことは欠かせない。

周囲に投資の話はしないほうがいい

株式投資で資産を築いてからの趣味の1つに腕時計があった。でも、現在の妻から「そろそろ仕事を辞めると言っているのに、誰も見てくれない高い腕時計を買ってどうするの？」とツッコミを入れられて納得し、買うのをやめてしまった。

それでも見ている人は見ている。会社の仲間との飲み会で、間もなく退職する元上司から、「なぜそんな腕時計をとっ替え引っ替えしているんだ？」と質問されたのだ。

この元上司には長年、大変お世話になった。もうすぐ退職する人に隠しごとをしておくのも心苦しくなり、次のように告白した。

- 億単位で金融資産を築いていること
- 金融資産のほとんどは株式投資で貯めたこと
- 早期リタイアする予定があること

——いずれも会社関係者には、初めて話すことだった。

告白を終えた瞬間、その場の空気が固まった。「しまった！」と思ったものの、後の祭りだった。

凍った空気を切り裂くように元上司が一言、「そんなことしてたんだ……」とつぶやいた。その言葉の行間には、「仕事そっちのけでこっそりと株式投資に血道を上げて儲けた卑怯《ひきょう》なヤツ」というニュアンスが感じられた。

誤解を解きたい一心で、離婚して父子家庭になり、全財産90万円から必死になって貯めたお金が元手になっていると説明したものの、元上司は腑に落ちない表情をしていた。

そのとき頭のなかでは「物言う株主」と呼ばれ、経済界に旋風を巻き起こした村上ファンドの村上世彰《よしあき》さんが言い放った「お金儲けして、何が悪いんですか？」という有名なセリフが何度もリフレインされていた。

元上司は執行役員クラスまで出世されたのだが、退職後も別の会社で働くとのことだった。

株式投資で億単位の資産を築き、早期リタイアを考えていると元部下から聞いて、「そんなことしてたんだ……」と言いたくなるのもわかる。無神経な発言だったと反省しているし、お金にまつわる話は思った以上にセンシティブなことに気づかされた。

いくら気心が知れた仲間同士でも、株式投資で儲けたという話は金輪際しないことを心に誓った。

自分にはずっと、年をとっても働き続けなければならないサラリーマン人生は送りたくないという思いがあった。それは、父の人生が反面教師になっている。

父はごく普通のサラリーマンだった。毎日同じ電車に乗り、同じ場所で働き、同じ電車で戻ってくる生活を30年以上続け、60歳で定年を迎えた。それから3年後に思わぬ病に倒れてしまい、65歳であっけなく亡くなってしまった。

家族のために30年以上働き続け、健康かつ自由でいられたのは、定年後のわずか3年間だけだった。それでも父は、父なりに幸せだったと思う。

死は誰にも必ず訪れる。そのとき後悔しないように、経済的に自立して、ジム通いで健康を維持しながら、人生をフルに楽しむべきだと考えたのだ。

STEP 6

資産2億円からの人生設計

残りの人生のキャッシュフロー計算書

資産と残りの人生を天秤にかけると、自分はいつでもサラリーマンを辞められる。いまは、そのきっかけを待っている段階だ。

いまの職場環境には満足している。上司にも、部下にも、同僚にも、恵まれていると思う。それでも、次の2つのいずれかに直面したら早期退職すると決めている。

- **管理職継続試験に落ちて役職定年を言い渡される**
- **本社から工場などへの異動を言い渡される**

52歳を超えた管理職は毎年社長との面談による管理職継続試験があり、それに落ちると役職定年を言い渡される。上司には言いたい放題言っているつもりなのだが、なぜかパスして早期退職のチャンスを逃している。工場などへの異動宣告も、いまのところ免《まぬが》れている。

思い返すと、父子家庭になったばかりで全財産が90万円だった頃は、「会社をクビになったら困る！」とビクビクしながら定時退社していた。

それがいまや「早くクビを宣告してくれたら、気が楽になるのに」と期待している。クビ宣告も人事異動も怖くないという境地に達したのは、株式投資で資産を築いたおかげで、路頭に迷う恐れがなくなったからだ。

ある意味、いまは心置きなく目の前の仕事に打ち込めているとも言える。

早期退職するにしても、いまの生活レベルを落としてまで、節約生活をするつもりは毛頭ない。残りの人生は、やりたいことを我慢しないで、極力やってみたいと思っている。

それに自分には、小学1年生の息子を含めて3人の子どもがいる。子どもたちには経済的な苦労をさせたくないという強い思いがある。

こうした前提を踏まえて、会社を辞めてから慌てないように、いまの資産でリタイア可能かどうかのキャッシュフロー計算書をエクセルでつくって計算してみた。

退職後の家計を支えるために、株式投資のスタイルは、株価の値上がり益を狙うものではなく、配当金狙いにシフトするつもりだ。

〈前提〉

①資産は計算時点の金融資産（株式・保険・退職金などを含む）で試算合計約2.8億円（株式は税引き後で計算）。

②「死ぬまでに叶えたいリスト」（162ページから）を無理なく実行できるだけの予算を見込む（14年後の68歳以降は、いくらジムで鍛えているとしても海外渡航などは体力的に難しくなると想定して減額）。

③生活費は68歳まではいまより増額、それ以降は減額。

④子どもたちの受験・結婚などのライフイベントにかかる費用を計上（子どもたちの受験期は「死ぬまでに叶えたいリスト」は減る想定で減額）。

⑤終《つい》の住まいを5000万円の住宅ローンを組んで購入。

⑥株式投資は年利回り2％で68歳まで計画、それ以降は投資から引退。

⑦太陽光発電（159ページ）の売電収入に対する固定資産税や売却資産税などを差し

引いた手残りで計画。

〈結論〉

人生100年時代と言われているなか、机上の計算では95歳で家計が破綻することが判明。逆に言うなら94歳までは足りるということがわかった。狭心症で死にそうな経験をした自分が、そもそも平均寿命まで生きている気はしないし、万一そこまで生きていたとしても、最低限の生活くらいはなんとかなると楽観している。

キャッシュフローの面では、いつでもリタイアは可能だと判断できた。あとは早期退職の条件がクリアできるのを待つだけだ。

早期リタイアに必要な「3K」

早期リタイアするには、必要な**「3K」**があると思っている。

それは**「金」「健康」「関係」**だ。

このうち「金」と「健康」については、クリアしている自信がある。

問題は、最後の「関係」だ。これは「絆」とも言えるけれど、わかりやすく「つながり」としよう。

会社勤めしていると、当たり前のように上司・部下・同僚とのつながりが生まれる。仕事を通じて知り合った取引先などとのつながりもある。

いまの若い世代はともかく、自分らの世代のサラリーマンは、仕事一筋で現役時代を過ごしている人がほとんどではないだろうか。

会社を辞めると、人とのつながりが一気になくなる。とくに生まれ育った土地を遠く離れて、地縁も血縁もない土地で働いていると、退職後のつながりが極端に少なくなる恐れがある。

男性は、生来コミュニケーション能力が高い女性たちと違って、会社や仕事以外に地域社会（コミュニティ）などでつながりをつくるのが下手だ。それがリタイア後の生活の満足度を下げてしまう恐れがある。

内閣府の『一人暮らし高齢者に関する意識調査』（2014年）によると、生活に満足していると答えた人は、女性が83％に上っているのに、男性は約70％に留まる。さらに「現在の楽しみ」について複数回答で尋ねたところ、「仲間と集まりおしゃべりをする」が、女性では約60％に達していたのに、男性では約42％に留まる。


つながりが少ない人は、寿命が短くなるという研究もある。

2010年、米ブリガム・ヤング大学の研究者が、総勢30万人を対象とした複数の研究を分析した結果、つながりがあるか・ないかは、寿命の長さにもっとも影響を与えていたそうだ。

つながりが少ない人は、喫煙、飲酒、運動不足、太りすぎなどよりも、寿命が短くなりやすい。

それにしても、つながりの有無がなぜ寿命と関係するのか？　科学的根拠を脇に置くと、個人的には次のように想像する。

つながりがあり、気軽におしゃべりが交わせる存在がそばにいると、日常生活のちょっとした愚痴や悩みが吐き出せる。それがストレス解消につながる。サラリーマンが、仕事終わりの飲み会で上司や同僚の悪口を言い合い、ストレスを解消しているのとまったく同じ構図だろう。

ストレスは万病の元だから、つながりが少ないと発散できないさまざまなストレスが溜まり、寿命を短くする一因となるのではないか。

早期リタイアを考える世代になると、認知症も切実な問題だ。２０２５年には、65歳以上の高齢者の５人に１人は認知症を患っているという予測もある。

つながりが少ないと、認知症に罹《かか》るリスクも上がる恐れがある。

国立長寿医療研究センターの研究によると、社会とのつながり（配偶者あり、同居家族との支援のやり取り、友人との交流、地域のグループ活動への参加や就労）が多様であるほど、認知症のリスクが低下することがわかっているそうで、リスクは最大で半分近く（約46％）も低下する。

逆に言うなら、つながりが少ないことは、認知症のリスクになり得るのだ。

早期リタイア後のつながりの候補は、〝ジム友〟だ。毎日のようにジムで顔を合わせる同年代のジム友が何人かいる。健康をキープするためにも、ジムには早期リタイアしても通い続けるつもりだ。ジムとのつながりは切れることはないので、ジム友は今後も大事にしていきたい。

コロナ禍が本格化する前、元部下と飲みに行った際、管理職継続試験に落ちるか、工場転勤になったら、会社を辞めるつもりだと伝えた。

元部下は、「お金がありそうなことは薄々感じていたので、そんな予感がしていました」と、とくに驚いてはいなかった。そして「会社を辞めたら、いつでも飲めるから、いいじゃないですか！」と笑ってくれた。

そう言ってくれる人が1人でも多くいれば、早期リタイア生活も充実して健康寿命も長く保てる気がする。

会社に頼らない収入源を確保する

早期リタイア後の生活を盤石にするには、給与所得が途絶えた後の安定した「不労所得」が欠かせない。預貯金を食い潰していくのは先細りで心配だし、株式投資の値上がり益（キャピタルゲイン）は安定しているとは言えない。

その点、株式の配当金（インカムゲイン）は、安定した不労所得となり得る。

２０２１年3月24日時点で配当利回りが４％以上の銘柄は１７０社以上ある。息子には株式投資の軍資金１０００万円を貯めるように言っているが、これらの銘柄に１０００万円を「ほっとけ投資」しておくだけで、年40万円の配当金を得られるようになる。

その配当金を再投資して、投資先が連続増配となり、預貯金もすべて配当株へ投資すれば、計算上では20年程度で〝億り人〟になることも可能だ。

三菱商事や三井住友フィナンシャルグループ、日本電信電話のように「累進配当」といって、配当を現状維持するか、増配することを対外的に宣言している企業がある。これらの銘柄は株価下落リスクが比較的低いと考えられ、不労所得として長期保有するには良いだろう。

もちろん、リスクはゼロではないことを肝に銘じなければならない。

自分自身は年間配当300万円程度を目標にしている。配当銘柄にも株価下落のリスクがあるからだ。

配当金以外の不労所得「太陽光発電」

不労所得の柱は株式からの配当金だが、配当金のみだと相場の変動のあおりを受けて収入が安定しない可能性がある。新型コロナのような出来事があると大きく落ち込むリスクもあり、最悪のケースでは株式を売って穴埋めすることにもなりかねない。

そこで2019年から取り組んだのが、「太陽光発電」だ。太陽光の売電なら株式相場の変動に関わりなく、安定した収益が見込める。長梅雨など異常気象の影響は織り込み済み。実は3基が、すでに稼働中だ。

再生可能エネルギーの固定価格買取制度（FIT）における事業用太陽光の売電価格は、18円／kWh。計3基の太陽光発電所における想定売電収入は年間600万円程度になる。調達期間（売電価格が維持される期間）は20年間なので、この先最低20年は、ほぼその収益が確保される。

太陽光発電3基分の土地と設備にかかる費用は、全部で6000万円ほど。これはすべて銀行からの借入金で賄《まかな》うことにした。

これだけの大金を銀行融資で受けられるのも、サラリーマンのメリットだ。

退職してからだと、6000万円もの融資を得ることはできないだろう。

銀行が提示した融資の条件は、「定期口座の開設と5000万円の預金移動」。太陽光発電の土地は担保に押さえられるが、もともと農地だったところで評価価値がほぼない。事実上は無担保で6000万円を借りられたことになる。

ちなみに銀行から融資を得るには、「属性（勤務先からの収入や資産状況など）」「損益計算計画書」「キャッシュフロー計画書」などを提出し、盤石な事業計画をアピールしなければならない。

自分は株式投資はもとより、勤務先で会計システムを担当していることもあり、会計の知識はある。また、資料作成やプレゼンテーションは日常的にこなしており、そうした経験が銀行との交渉で強みとなった。これもサラリーマン投資家の利点だろう。

太陽光発電を始めた理由は、不労所得を確保する以外にも2つある。

1つは、福島第一原発事故を体験してもなお、原発中心の国のエネルギー政策に小さな反発がしたかったこと。もう1つは、退職後に妻と2人でお弁当を携えて、発電所の草刈りのためにドライブに出かけるという、ちょっとした楽しみを得るためだ。

太陽光発電を通じて、それまで未知の世界だった銀行融資や土地、不動産の勉強もできた。それにともなって、新しい人間関係を築けたことも収穫だ。

「死ぬまでに叶えたいリスト」

２００７年の米国映画『最高の人生の見つけ方』は、名優ジャック・ニコルソンとモーガン・フリーマンが演じる余命６カ月を宣告された２人の男性が、死ぬ前にやり残したことを実現するために旅に出るというストーリーだ。

邦題はなかなか素敵だが、その原題はもっとストレートな「The Bucket List」。日本語では、なんと「棺桶リスト」と訳される。

インターネットにも、残りの人生でやり遂げたい目標を「棺桶リスト」として公開している人が大勢いる。

それにならって自分も、「死ぬまでに叶えたいリスト」をつくってみた。

きっかけは、２０１４年に死にかけて心臓手術をしたこと。なんとか復帰できたとき、この先も生きていたらやりたいことをリストアップしたのだ。それを気持ちと状況の変化に応じて時折更新している。

どんなに資産があっても、お金は墓場まで持っていけない。また、資産をそっくりそのまま子どもたちに残そうとも思っていない。結婚資金くらいは出そうと思っているが、子どもたちには自分たちで資産をつくり、これからの時代を生き抜くためのスキルを自ら身につけてほしいと考えている。

最新のリストは、次の通りだ（すでに叶えたものには○印がついている）。

1 行きたい場所編

アラブ首長国連邦のドバイへ行き、世界一高い高層ビル「ブルジュ・ハリファ」にのぼる○／天国にいちばん近い島ニューカレドニアで、南太平洋の宝石と讃えられるイル・デ・パンに行く○／ギリシャのミコノス島でのんびり過ごす／子どもたちとアメリカ大陸を横断する／北欧に行く／エジプトでピラミッドにのぼる／オーストラリアを一周する／ヨーロッパを一周する／スイスでのんびり過ごす／富士山の山頂にのぼる／マッターホルンを見る／エベレストを下から見る／日本のすべての県で泊まる／ハワイに1カ月住む／マレーシアに1カ月住む／タイに1カ月住む／南米に行ってみる／ニュージーランドに行ってみる／米国勤務のプロジェクト中にお世話になった居酒屋サンキューに行く

2 泊まりたいホテル編

世界のフォーシーズンズホテル（フォーシーズンズリゾート・ドバイ・アット・ジュメイラビーチ、フォーシーズンズリゾート・ボラボラ、フォーシーズンズリゾート・コ・サムイ、フォーシーズンズリゾート・ランカウイ、フォーシーズンズリゾート・モルディブ・アット・ランダーギラーヴァルの5つは宿泊済み）／世界のアマンリゾート（アマンプリ、アマンプロ、アマヌサ、アマンキラの4つは宿泊済み）／国内外のザ・リッツ・カールトン（ザ・リッツ・カールトン大阪、ザ・リッツ・カールトン東京、ザ・リッツ・カールトン京都、旧ザ・リッツ・カールトンバリ⇒現アヤナリゾート＆スパ バリの4つは宿泊済み）／全国各地の星野リゾート／カナダのバンフ・スプリングス・ホテル／タヒチのザ・セントレジス・ボラボラ・リゾート／バリのブルガリ リゾート バリ／シンガポールのマリーナベイ・サンズ

3 見たい（観たい）編

イチロー／オリンピックを生で／ラグビーかサッカーのワールドカップを生で○／皆既日食／オーロラ／凄い天の川／大流星群／大彗星／水星／土星の輪／カノープス

（りゅうこつ座α星）／デカすぎるクジラ／アバのライブ／レインボーのライブ／クイーンのライブ○／スティクスのライブ／ボストンのライブ／アイアン・メイデンのライブ／ディープ・パープルのライブ○／キッスのライブ○／U2のライブ○／スティングのライブ○／セブンス・ヘブン（米国勤務中にファンになったシカゴのローカルバンド）のライブをシカゴで／ニューヨークのマジソン・スクエア・ガーデンでビリー・ジョエルのライブを観て『ピアノ・マン』を絶唱する／TNTのトニー・ハーネルの名作『インテュイション』をライブで

4 ほしいもの編

一応そろそろクルマを買う○／パテック・フィリップを買う

5 家族編

家を買う○／子どもたちを留学させる／孫の顔を見る／いちばん下の息子（現在7歳）が成人したら一緒にビールを飲む

6 ビジネス編

会社を立ち上げる／太陽光発電を3基立ち上げる○／死ぬまで生きられる資産を築く

7 カラダ編

理想体型・体脂肪率17％以下をキープする○／腹筋を割ってシックスパックになる

8 その他

楽器を習う／ブログを無理しない程度に続ける

保有銘柄を全公開

最後に、2020年末時点で保有している主な銘柄について触れたい（これらの銘柄を推奨するわけではないので、投資判断は自己責任でお願いしたい）。

ジーエルサイエンス（東証二部・7705）

計測機器「ガス・液体クロマトグラフ」に関する装置・カラム・充填剤・消耗品を製造・販売する分析機器の総合メーカー。こう説明しても、いまひとつわかりにくいかもしれないが、大学時代に気体の分析手法であるガスクロマトグラフィーを行う装置として「ガスクロマトグラフ」を使っていたことから、自分には馴染みのある「知っている会社」だ。環境関連銘柄であり、事業内容に好感を持っていた。

財務的には自己資本比率61％と「たぶん倒産しない会社」で、PBR1倍以下、PER10倍前後と「割安な会社」でもあった。

時価総額は300億円以下と「小さな会社」であり、88ページから説明したDokGen流「ほっとけ投資」銘柄選定基準に合致していた。

購入後4年目になる「ほっとけ投資」銘柄で、コロナ・ショックで値下がりしたところで買い増し、現状のポートフォリオでは、保有割合がもっとも高い。

島津製作所（東証一部・7701）が大株主で、新型コロナウイルスのPCR検査装置にもかかわっており、東証二部から東証一部への鞍替えを期待している。

名古屋電機工業（名証二部・6797）

道路標識などの電光掲示板や信号機のメーカー。自分は愛知県が地元なのだが、「あま市」に本社があることもあり、「知っている会社」だ。

時価総額より保有現金が多い「たぶん倒産しない会社」でありPBR0・5倍、PER3倍と、めったに出合えないほどの「割安な会社」だった。

2020年末時点でも時価総額83億円程度と、かなり「小さな会社」でもある。

2017年に社長が変わって以来、2018年に「コンラックス松本」というGPSソーラー式信号機やLED標示機などのメーカーを買収するなど技術力のシナジー効果を高めつつ、利益率の改善を進めている。

鉄道・道路信号に強い3大信号会社のトップ「日本信号」（東証一部・6741）が大株主。純利益（税引後利益）から、どのくらい配当金を払ったかを表した「配当性向」には満足していないものの、大幅増配もあった。

信号機を含めた交通システムのデジタル化は、どこかで大きな国策テーマになると、大きな成長を期待している。

近鉄エクスプレス（東証一部・9375）

「フォワーダー」（国際航空貨物混載事業者）で、近鉄グループホールディングス（東証一部・9041）の子会社。勤務先の仕事で物流関係の情報システムを調べていたときに、フォワーダーという業種に興味を持ったのがきっかけで「知っている会社」となった。シンガポールの物流子会社「APLロジスティクス」（APLL）の買収にともなう費用（のれん代）があるので、財務的にはそれほど良くはないが「たぶん倒産しない会社」だと思っている。

物流関連銘柄のなかでも「割安な会社」として放置され、時価総額1000億円という比較的「小さな会社」だった。

2020年3月のコロナ・ショック後に購入したが、その大きな理由は、コロナ禍で旅行や出張での航空利用は減少しても、国際航空貨物の物流は社会的存在価値があると感じたからだ。

DokGen金融資産推移

単位：万円

金融資産	2018/07	2020/09	2020/10	2020/11	2020/12	2021/01	2021/02
証券口座	18,805	14,589	13,983	14,200	14,919	15,045	15,788
積立証券口座	1,010	1,085	1,088	1,091	1,094	1,097	1,100
銀行預金・保険	2,040	9,680	9,626	9,063	9,016	9,058	9,151
金融資産計	21,855	25,354	24,697	24,354	25,029	25,200	26,039
前月差	—	—	−657	−343	675	171	839
前月比	—	—	97.4%	98.6%	101.3%	100.7%	103.3%
年初差	—	—	3,441	3,098	3,773	171	1,010
年初比	—	—	116.2%	114.6%	117.8%	100.7%	103.3%
ブログ開始からの増減率	—	—	113.0%	111.4%	114.5%	115.3%	119.1%

その他の保有銘柄

配当金を期待した「配当銘柄」として、「日本電信電話（NTT）」（東証一部・9432）、「三菱商事」（東証一部・8058）、リート（不動産投資信託）では「伊藤忠アドバンス・ロジスティクス投資法人」（東証・3493）を保有している。

買値ベースで4％以上の配当金があるので、株価を気にせず保有している。

また、売却益と配当金を非課税とする「NISA」（少額投資非課税制度）の枠を利用して、米国株「マイクロソフト」（ナスダック・MSFT）も保有している。

Epilogue

お金に働いてもらう

焼鳥屋で息子とビールを飲みながら、自分は次のように話した。

「会社の給料でいい人生を送れる時代は、おばあちゃんの時代で終わっている」
「給料以外の収入を得るために軍資金1000万円を貯めろ」
「会社は社員の生活を守るつもりは、これっぽっちもない」
「自分が働かなくても、お金が入る手段を考えておけ」

国の財政が破綻寸前で、少子高齢化で年金制度がガタガタになりつつあるということは、ずいぶん前から指摘されている。

どれだけ警鐘が鳴らされていても我関せずで、なんら行動せず、老後の生活が危機にさらされたとしたら、それは自己責任でしかない。

サラリーマンが給料以外に株式投資などで稼ぐことは、もう当たり前の時代になっている。問題は定年退職か早期リタイアまで、どのくらいの資産を貯められるかだ。

だから、母がしてくれたように、自分は社会人となる息子に株式投資の勉強代として80万円を渡した。

そのときに条件としたのは、次の3つだった。

「自分で投資先を探すこと」

「パパに投資先を訊かないこと」

「リスクが高いFX（外国為替証拠金）と仮想通貨（暗号資産）はやらないこと」

20代の息子には、まだまだ時間がある。

時間があるということは選択肢も多いということ。個別株投資に励むスタイルもあれば、複利を活用して日経平均やTOPIX（東証株価指数）、S&P500といった指数に連動するETF（上場投資信託）に超長期投資する手もある。

ところが、何を思ったのか、息子は自分と同じく個別株投資を始めた。そして息子から先日、「AOKI、買ったよ」というLINEが突然届いた。

「なに？　スティーヴ・アオキのCDか？」とトボケる音楽好きの自分に（スティーヴ・アオキは、アメリカで鉄板焼きチェーンを成功させたロッキー青木の息子で、音楽プロデューサー・DJ）、息子からは「違うよ、紳士服のAOKIだよ」との返事。その返事を読んで「えっ！」としばし絶句した。

紳士服のAOKIことAOKIホールディングス（東証一部・8214）は、紳士服以外にもマンガ喫茶やカラオケ店を経営している。

紳士服量販店業界は、もともと斜陽産業。追い打ちをかけるように、リモートワークがニューノーマルとして定番化すると、大きなダメージを被る。どうしても3密になりやすいマンガ喫茶にもカラオケ店にも、明るい未来が待っているとは思えない。

「いま、なんでAOKIを買ったの？」と優しく尋ねたところ、息子は「底値だと思ったから。配当だっていいし」と答えた。

慌てて「有価証券報告書は読んだ？　配当はあくまで去年の実績ベースだから、今年も同じようにあるとは限らないよ」と返すと、今度は息子が絶句した。有価証券報告書なんて読んでいなかったようだ。

この先、ＡＯＫＩの株価がどうなるかは誰にもわからない。

マンガ喫茶をリモートワークのオフィスにする取り組みやフィットネス事業など多角化を進めているし、財務に関しても銀行から融資を受けてキャッシュリスクに対応しようと努力している。

息子の読み通り、株価が反転する可能性だってある。実際、２０２０年11月30日の直近安値から反転し、２０２１年３月19日時点までＡＯＫＩの株価は上昇トレンドを描いた。

株式投資について、息子はたぶん「何がわからないのかが、わからない」という状態だろう。入社１年目で、右も左もわからないうちに株式投資を始めたかつての自分も似たような状況だった。

息子には、「インターネットでＡＯＫＩに関する情報をできるだけ多く集めること」「有価証券報告書を読んでわからない言葉を書き出すこと」「書き出した言葉を１つひとつ丁寧に調べること」をアドバイスしておいた。

たとえＡＯＫＩの株価が暴落して大損しても、息子はそこから学べることがたくさんあると思う。エラそうにしている自分だって、若い頃は失敗続きだったのだ。

サラリーマンが置かれている状況は年々厳しさを増している。それでも、個人投資家を目指すなら、毎月決まった給料がもらえるサラリーマンでいられることは大きなアドバンテージだ。

そのアドバンテージを存分に活かしながら、息子には会社の給料だけに依存しない経済的自由を手に入れて、幸せな人生を歩んでほしいと心から願っている。

両親の身勝手から5歳のときに、まだ甘えたい母親から引き離され、父子家庭になって苦労させてしまった息子への、父からの切なる願いだ。

そんな父から息子へ伝えるアドバイスが、サラリーマン投資家の方々のお役に少しでも立てたら望外の喜びだ。

2021年3月

DokGen

本書の著者印税は、震災や事故などで親を亡くされたお子様や父子・母子家庭の支援団体に全額寄付させていただきます。

［著者］
DokGen（ドクゲン）
1966年京都府生まれ。某食品メーカーに勤めるサラリーマン。35歳のときに妻の浮気が原因で離婚。妻が親権を放棄して５歳の息子と突如、父子家庭になった。毎朝、息子を保育園に連れて行ってから出社し、夕方５時半に定時退社してダッシュで保育園に向かう日々。残業する同僚たちからは白い目で見られ、残業代ゼロで年収400万円ほど、全財産90万円。お先真っ暗だった。最低限の衣食住で生活費を切り詰め、年収の半分（200万円）を貯蓄。株式投資をしつつ４年で1000万円を貯めた。これを軍資金に人生を変えるため、元手の約３倍まで運用できる信用取引を始めた。「ときにはリスクをとらなければ、人生は変えられない」がモットーだ。リーマン・ショックに見舞われるなどしたが、結局は『会社四季報』に大株主として名前が載るほどの成功を収め“億り人”に。そして集中投資で超長期保有する自称「ほっとけ投資」を始め、さらに資産を増やし“ダブル億り人”に。その過程で再婚したが、妻と折り合いが悪く、グレてしまった息子。いまや成長し、就職した。その息子と焼鳥屋に行ったとき、これまでの半生を振り返りつつ「資本家と労働者」の話をした。サラリーだけで生きられる時代は終わった、億の資産を築くにはお金に働いてもらうことだ、リスクをとらないと得られるものはない——全財産90万円から資産２億円を築いた父親が、いま息子へお金と投資について説く。現在は早期リタイアを念頭に置きつつもサラリーマンを続けている。会社の先輩に「その大学で、よくうちに入れたなぁ」と言われて涙した三流大学卒。DokGen（ドクゲン）とは、「独り言」をつぶやくという意味。アメブロ『資産90万から２億円達成。普通のサラリーマンの「ちょっとだけアーリーなリタイア」への独り言』が人気を集める。

どん底サラリーマンが株式投資で２億円
いま息子に教えたいお金と投資の話

2021年４月20日　第1刷発行
2021年５月25日　第3刷発行

著　者——DokGen
発行所——ダイヤモンド社
〒150-8409　東京都渋谷区神宮前6-12-17
https://www.diamond.co.jp/
電話／03･5778･7233（編集）　03･5778･7240（販売）
デザイン——三森健太（JUNGLE）
編集協力——井上健二
イラスト——須山奈津希
校正————鷗来堂
製作進行——ダイヤモンド・グラフィック社
印刷・製本—三松堂
編集担当——斎藤順

ISBN 978-4-478-11207-6